OPERADOR DE COMPUTADOR

Ivan Max Freire de Lacerda
Tásia Moura Cardoso do Vale

Como usar aplicativos de escritório

2ª edição

EDITORA SENAC SÃO PAULO – SÃO PAULO – 2019

Gerente/Publisher: Jeane Passos de Souza (jpassos@sp.senac.br)
Coordenação editorial/prospecção: Luís Américo Tousi Botelho (luis.tbotelho@sp.senac.br)
Márcia Cavalheiro Rodrigues de Almeida (mcavalhe@sp.senac.br)
Administrativo: João Almeida Santos (joao.santos@sp.senac.br)
Comercial: Marcos Telmo da Costa (mtcosta@sp.senac.br)

Produção editorial: Marco Aurélio Fiochi
Revisão técnica: Paulo Henrique Marques da Silva
Projeto gráfico, capa, diagramação, ilustração e tratamento de imagens: Gabinete de Artes
Fotos: Ivan Max Freire de Lacerda
Revisão: Mirra Moraes e Alvanisio Damasceno
Impressão e acabamento: Gráfica CS Eireli

Dados Internacionais de Catalogação na Publicação (CIP)
(Jeane Passos de Souza – CRB 8ª/6189)

Lacerda, Ivan Max Freire de
Operador de computador: como usar aplicativos de escritório / Ivan Max Freire de Lacerda, Tásia Moura Cardoso do Vale. – 2.ed. – São Paulo: Editora Senac São Paulo, 2019.

Bibliografia.
ISBN 978-85-396-2982-4 (Impresso/2019)
ISBN 978-85-396-2983-1 (ePub/2019)
ISBN 978-85-396-2984-8 (PDF/2019)

1. Computador: Programas: Processamento de dados I. Vale, Tásia Moura Cardoso do. II. Título

19-1016t CDD-005.368
BISAC COM051380

Índice para catálogo sistemático:
1. Computador: Programas: Processamento de dados 005.368

Editora Senac São Paulo
Rua 24 de Maio, 208 – 3º andar – Centro – CEP 01041-000
Caixa Postal 1120 – CEP 01032-970 – São Paulo – SP
Tel.: (11) 2187-4450 – Fax.: (11) 2187-4486
editora@sp.senac.br
www.editorasenacsp.com.br

NOTA DO EDITOR

Profissões ligadas às tecnologias da informação e da comunicação estão em ascensão há algum tempo e prometem manter-se em alta no mercado de trabalho. Isso se deve a vários fatores, entre os quais o próprio perfil da sociedade atual, em que a maior parte das interações ocorre por intermédio de algum dispositivo eletrônico. Atividades realizadas com o computador fazem parte de todas as ocupações e dominá-las, portanto, é uma exigência para a atuação nas mais diferentes empresas.

Este livro é direcionado aos que estão no início da trajetória profissional. Com uma linguagem clara e objetiva, os autores Ivan Max Freire de Lacerda e Tásia Moura Cardoso do Vale, docentes e pesquisadores das ciências da computação, criaram um guia para a utilização dos recursos oferecidos por aplicativos de escritório e pela internet. Além dos conteúdos básicos, também apresentam as principais atribuições do operador de computador e orientam-no sobre carreira, conduta ética e sustentável e cuidados com a saúde.

Ao acrescentar ao catálogo títulos atualizados com as demandas do ensino da informática, o Senac São Paulo oferece uma publicação essencial para a educação profissional.

SUMÁRIO

1

UMA PROFISSÃO DE FUTURO

Hoje em dia, é impensável haver um ambiente de trabalho sem a presença do computador. Não importa se estamos falando de um simples estabelecimento comercial ou de uma companhia multinacional: desde as últimas décadas do século XX, o computador tornou-se a principal ferramenta de trabalho em organizações de todos os setores e ramos de atividade ao redor do mundo.

Com ele, aprendemos uma nova forma de realizar tarefas, adquirimos habilidades que antes não eram necessárias e vimos nascer profissões essenciais ao mercado de trabalho atual. Entre elas, está a do operador de computador.

Ele é o profissional capacitado a instalar, configurar, operar e remover programas que auxiliam nas rotinas de escritório. Também conhecidos como pacote Office, esses programas possibilitam utilizar editores de textos e de planilhas e preparar apresentações. Em uma organização, o operador de computador orienta os colegas de todas as áreas na escolha do melhor recurso para realizar esses trabalhos. Ele também tem a missão de informar o grupo sobre o uso correto dos comandos de cada programa, além de identificar e corrigir problemas ligados ao computador, seus programas e periféricos.

Por trabalhar em equipe, além de operar os programas, ele pode produzir parcial ou integralmente planilhas e apresentações, em parceria com outros profissionais da organização. Além disso, em alguns casos, também opera sistemas de informação específicos da empresa e orienta os usuários sobre o uso desses programas.

> Geralmente, o primeiro contato dos usuários de computador com um profissional da área é com o operador.

Para entender as possibilidades de atuação do operador de computador, imagine um escritório de engenharia cuja equipe seja formada por engenheiros e técnicos em edificações. Todos estão envolvidos na realização de uma obra e necessitam criar uma planilha orçamentária. Nesse momento, o operador de computador pode ser chamado para orientar os colegas sobre a utilização de um programa de planilha eletrônica.

Como estão todos muito ocupados, o operador pode assumir a responsabilidade de produzir essa planilha com base nos dados fornecidos pelos engenheiros e técnicos. Além disso, para concretizar a tarefa, faz pesquisas com fornecedores de materiais na internet. Por fim, entra em contato com aqueles que ofereçam os melhores produtos e preços enviando mensagens de correio eletrônico.

A partir desta breve introdução, podemos dizer que o operador de computador necessita desenvolver as seguintes habilidades:

- Conhecer bem os recursos dos principais programas de escritório (editor de textos, planilha eletrônica e editor de apresentações), a fim de escolher qual é o mais adequado para automatizar uma atividade específica da organização.
- Utilizar esses programas para produzir textos, planilhas e apresentações e orientar usuários sobre sua correta operação.
- Executar pesquisas na internet.
- Escrever, enviar, tratar e armazenar mensagens de correio eletrônico.

Pelo que vimos, o operador de computador é um profissional importante da área de Informática. Sua boa performance diminui a necessidade de atuação do setor de suporte de tecnologia da informação, visto que muitas das dúvidas que levariam a um uso incorreto do computador podem ser esclarecidas por ele.

ORGANIZAÇÃO É A PALAVRA!

Ao adquirir um software, a empresa tem de registrá-lo em seu nome para ter controle das licenças de uso. O operador de computador deve ter esses registros organizados. Para isso, pode elaborar uma lista de todos os programas usados em cada máquina da organização. Esse registro deve indicar o tipo de licença, a data de aquisição e a de término da autorização, quando houver. É sua tarefa manter o documento atualizado, para que a empresa fique resguardada quanto à legalidade dos programas registrados em seu nome. O mesmo procedimento pode ser adotado com relação às máquinas, que recebem um número de registro de imobilizado. O operador precisa ter conhecimento desse patrimônio, pois trocas ou pedidos de assistência técnica em máquinas só poderão ser realizados se esses dados forem apresentados.

MERCADO DE TRABALHO

A profissão do operador de computador é a porta de entrada para o mercado de trabalho das tecnologias da informação e comunicação, que compreende várias outras ocupações. Se pensarmos que a venda de computadores, notebooks e tablets não para de crescer, podemos prever um futuro promissor para quem está começando. A 25ª Pesquisa Anual Mercado Brasileiro de TI e Uso nas Empresas, realizada em 2014 pelo Centro de Tecnologia de Informação Aplicada da Escola de Administração de Empresas de São Paulo, da Fundação Getulio Vargas (FGV-EAESP), aponta que existem 136 milhões de computadores no Brasil, dos quais 18 milhões são tablets (ESCOLA DE ADMINISTRAÇÃO DE EMPRESAS DE SÃO PAULO, 2014). A estimativa, segundo o estudo, é que chegaremos a 200 milhões de computadores em 2016. Os investimentos em tecnologia da informação (TI) feitos pelas empresas brasileiras são da ordem de 7,5% das suas receitas. Esses números indicam a solidez do mercado de TI no nosso país e a expectativa de crescimento num curto período.

À primeira vista, operar um computador pode parecer uma tarefa fácil. Mas quem nunca passou pela situação de ser interrompido, no meio de uma tarefa, por uma falha, seja na execução de um programa, seja uma instabilidade do próprio aparelho? Nesse momento, percebemos que, para operar um computador com eficiência, necessitamos ter conhecimentos e habilidades que vão além da realização de tarefas básicas como digitar, salvar e imprimir arquivos. Por outro lado, é reconfortante saber que, antes de ser um problema, o computador é um aliado do nosso cotidiano.

No entanto, o ritmo alucinante de vendas desse aparelho em todo o mundo não acompanhou a preparação das pessoas para operá-lo. É por isso que o operador de computador capacitado sai na frente dos demais profissionais e oferece um diferencial para as organizações.

Mas nem tudo é tão fácil: o operador de computador precisa investir tempo e dedicação para atualizar-se sempre. Versões dos programas de escritório costumam ser lançadas a cada dois ou três anos, com mais recursos e até mudanças no modo de utilização de comandos. Ao procurar cursos, ler manuais, jornais e revistas e visitar sites especializados, o operador renova seus conhecimentos, transformando-os em habilidades necessárias no dia a dia das empresas.

Então, anote: o estudo é o caminho para progredir nessa carreira.

Os operadores de computador entram no mercado de trabalho como estagiários. As organizações promovem recrutamentos em parceria com instituições de ensino ou entidades públicas ou privadas que fazem a integração entre a empresa e a escola. Fique atento ao frequentar as aulas, informe-se sobre processos seletivos na secretaria ou mesmo consultando o mural de avisos. Certamente você encontrará uma colocação, se sua intenção for a de conciliar trabalho e estudo.

Estagiar em uma organização é uma excelente forma de pôr em prática os conteúdos aprendidos em seu curso. Com o primeiro emprego, vivenciamos situações que nos ajudam a crescer e a ganhar experiência para enfrentar os desafios do futuro.

A atividade dos estagiários, em qualquer profissão, é protegida pela Lei nº 11.788, de 25 de setembro de 2008 (BRASIL, 2008).

Veja, em linhas gerais, o que diz a lei:

- Para estagiar, é necessário estar matriculado em um curso de educação profissional, ensino médio, educação especial, educação de jovens e adultos ou educação superior.
- A jornada de trabalho não deve ultrapassar quatro horas diárias e 20 horas semanais, no caso de educação de jovens e adultos; e seis horas diárias e 30 horas semanais para os estudantes do ensino superior, da educação profissional de nível médio e do ensino médio regular.
- A duração do estágio é de, no máximo, dois anos, exceto quando o estagiário for portador de deficiência.
- A concessão de salário ou bolsa é obrigatória, porém não há um piso salarial para a atividade. A organização tem obrigação ainda de arcar com os custos de transporte do estagiário e de contratar seguro de acidentes pessoais em seu favor.
- O estagiário tem direito a férias remuneradas de 30 dias após um ano de atividade, ou proporcionalmente, quando o tempo de estágio for inferior. Preferencialmente, esse período deve coincidir com as férias escolares.

ÉTICA E RESPONSABILIDADE

Como nas demais ocupações, a postura profissional ética e responsável também é uma exigência para o operador de computador – mesmo para os que estão começando a trabalhar. Não é raro o operador ter acesso a documentos sigilosos, senhas e arquivos armazenados em computadores de colegas da organização. Imagine se ele se descuida da questão ética e, mesmo que de forma não intencional, permite que pessoas não autorizadas tenham acesso a determinados dados. O operador pode causar um problema sério no ambiente de trabalho.

Você já deve ter escutado a frase "informação é poder". E é isso mesmo: pela natureza de seu trabalho, o operador de computador pode vir a ter acesso a informações que outros funcionários da organização não têm. Mas ele nunca pode se sentir poderoso por conhecer esses dados. Deve agir de maneira ética, ou seja, respeitar a confidencialidade das informações.

Em sua atividade cotidiana, o operador também deve ter certos cuidados ao utilizar os programas de computador, porque eles têm diferentes permissões de uso. Há os que são gratuitos, sem restrições ou liberados por um breve período de teste. No entanto, antes de serem instalados em nossos computadores, a maior parte requer a compra da licença de uso, que é a autorização do fabricante para que o programa possa ser executado. A instalação de uma cópia de programa sem a devida licença de uso, ou seja, *uma cópia pirata*, é crime. A Lei nº 9.609, de 19 de fevereiro de 1998, prevê multa e até mesmo prisão para quem pratica pirataria (BRASIL, 1998a).

Outro ponto que requer postura ética do operador de computador é o uso da internet. Aliás, não só do operador de computador, mas de todos os que usam essa ferramenta para realizar pesquisas. Isso porque copiar qualquer conteúdo disponibilizado nas páginas de hipertexto da rede sem antes saber se está liberado para o uso é crime. A Lei nº 9.610, de 19 de fevereiro de 1998, regulamenta os direitos autorais de produções intelectuais, incluindo conteúdos disponíveis na internet (BRASIL, 1998b).

Em muitas situações, imagens e textos são copiados para serem inseridos em outros documentos. Devemos observar se esses conteúdos são de domínio público, ou seja, se estão liberados para uso.

Dica ☺

Uma obra está em domínio público se já transcorreram 70 anos desde a morte de seu autor. Antes disso, qualquer texto ou imagem de que se tenha conhecimento da autoria tem seus direitos resguardados pela lei.

Alguns conteúdos, porém, são liberados pelos autores sem restrições. Então, procure sempre se certificar da origem do que consulta na rede. No caso de o detentor de direitos

autorais estar vivo, é obrigatória sua autorização para utilizar o conteúdo. Sendo liberados ou não, ao utilizar conteúdos extraídos da internet, sempre se deve fazer referência ao autor e ao site de onde foram copiados.

Todos sabem que a internet é um espaço aberto em que qualquer pessoa pode disponibilizar materiais de todo tipo. Há inúmeras páginas com conteúdos inapropriados ao ambiente de trabalho, tais como pornografia, manifestações explícitas de racismo, pedofilia, venda de produtos ilegais, como armas. O bom profissional não deve acessá-las, especialmente se estiver utilizando computadores da organização. Lembre-se de que tudo o que fazemos na rede deixa um rastro e é fácil identificar as páginas em que foram realizadas consultas. A palavra de ordem é, então, responsabilidade!

Por fim, a regulamentação das profissões ligadas às tecnologias da informação e da comunicação é bastante clara com relação à disseminação de programas maliciosos, conhecidos como vírus, pela internet. Veremos essa questão de maneira mais aprofundada no capítulo 5 desta publicação. Mas, por enquanto, é bom saber que a atividade do hacker, pessoa que espalha esses programas pela rede, também é considerada criminosa.

Para ser um bom profissional, não basta apenas tomar os cuidados até aqui descritos. Atender bem o cliente; zelar pelos materiais, equipamentos e utensílios de trabalho, tendo em mente que outros também irão utilizá-los depois de você; ter respeito aos colegas e aos gestores são igualmente atitudes éticas e responsáveis. Sem contar que o cuidado e a colaboração com os companheiros de trabalho também contribuem para um ambiente mais harmonioso e produtivo.

O local de trabalho do operador de computador deve ser organizado, para que ele possa atender com eficiência as solicitações das diversas áreas da organização. Guarde manuais de programas em lugares de fácil acesso, para a consulta em caso de dúvidas. Evite depositar partes de equipamentos em locais que ofereçam perigo de acidentes ou que dificultem o trânsito de pessoas e destine embalagens de programas e periféricos para a reciclagem.

ATITUDES SUSTENTÁVEIS

Equipamentos de informática devem ter uma destinação correta ao ficarem obsoletos. O mesmo ocorre com componentes dessas máquinas, quando param de funcionar, e com os suprimentos que as alimentam, depois de consumidos. Computadores, impressoras, baterias, cartuchos de impressão e tonners, entre outros itens, se destinados ao lixo comum ou descartados diretamente no solo, contaminam o meio ambiente com metais pesados e compostos plásticos, além de outras substâncias nocivas à nossa saúde.

Pratique diariamente ações éticas, responsáveis e sustentáveis e tenha certeza de que se destacará em sua organização!

Por trabalhar diretamente com esses materiais, o operador de computador é um importante agente no encaminhamento correto dos descartes e na conscientização dos usuários de computador.

A Política Nacional de Resíduos Sólidos determina que os fabricantes sejam responsáveis por criar um sistema para coleta e reciclagem de seus produtos. Para cumprir essa determinação, fabricantes contam com lojas e assistências autorizadas, para as quais o operador de computador pode enviar o material a ser descartado. Elas reencaminham os itens aos fabricantes, que fazem o descarte e a reciclagem. Para localizar esses pontos de coleta e saber como deve encaminhar os produtos, o operador pode pesquisar nos sites dos fabricantes (BRASIL, 2010).

Dica ☺

O operador pode pesquisar no mercado e orientar o setor de compras da organização em que trabalha a priorizar a aquisição de produtos cujos fabricantes mantenham sistema de coleta e reciclagem.

ERGONOMIA E SAÚDE

O uso diário de computadores – caracterizado pela repetição de movimentos curtos das mãos e dos braços e pela posição praticamente imóvel do restante do corpo – exige que sejam tomados alguns cuidados para diminuir a possibilidade de enfermidades relacionadas à postura corporal incorreta.

Esses cuidados começam com a escolha do mobiliário que abrigará a estação de trabalho. O ideal são móveis feitos sob medida para nossas dimensões corporais – altura, tamanho dos braços e do tronco. Como na maioria das vezes essa escolha é inviável, devemos usar móveis que permitam regulagem de acordo com as nossas características.

Para facilitar a escolha desses itens, vamos listar os principais móveis de um escritório e as regulagens que eles devem ter para se ajustarem ao nosso corpo. Em seguida, mostraremos como se deve usar esses ajustes.

Cadeiras – Devem ter assento reto e apoio para as costas, ambos com regulagem de altura. Opcionalmente, o apoio para as costas oferece regulagem horizontal, permitindo colocá-lo mais atrás ou mais à frente. Para maior conforto do operador, o assento e o apoio devem ser estofados.

Mesa de trabalho ou bancada – O apoio para teclado e mouse deve ser mais baixo que o restante da mesa. Isso facilita o posicionamento, se combinado com uma cadeira com ajuste de altura do assento. Como a maioria dos monitores de vídeo atualmente possui ajuste da altura da tela, eles podem ficar na parte mais alta da mesa.

Suporte para os pés – Pessoas que têm as pernas curtas podem não conseguir alcançar o chão com os pés, mesmo na regulagem mais inferior da altura do assento. Recomenda-se o uso de suportes.

Seguindo essas recomendações, o operador de computador diminui a possibilidade de dores de cabeça, na nuca, nas costas, nos braços e nos ombros – queixas constantes de usuários.

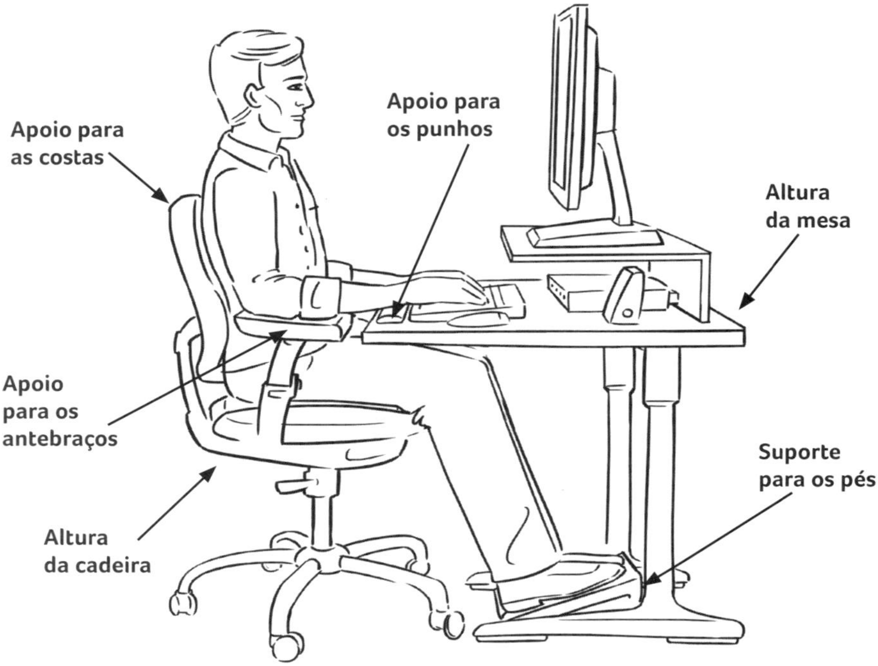

Figura 1 – **Estação de trabalho do operador de computador**

- Mantenha os pés apoiados no chão ou num suporte.
- O antebraço deve ficar posicionado acima do teclado, formando um ângulo de 90 graus em relação ao braço. Utilize a regulagem de altura do assento da cadeira para conseguir essa posição.
- Ombros e cotovelos devem estar relaxados, e os braços junto ao tronco.
- Os olhos devem ficar posicionados em linha reta com o centro da tela do monitor. Isso evita que forcemos o pescoço. Utilize a regulagem de altura do monitor para fazer esse ajuste.
- Punhos devem estar alinhados com o antebraço, de forma que não sejam forçados nem para cima nem para baixo.

Outras medidas importantes que tornam mais confortável e saudável o trabalho com computadores são: ter uma iluminação adequada no ambiente de trabalho, aumentar, com o recurso de zoom, o tamanho de caracteres na tela para não prejudicar a visão e manter o mouse próximo do teclado, evitando assim esforços repetitivos com esse periférico.

Faça pausas com certa regularidade durante o dia de trabalho. Nessas ocasiões, levante-se, caminhe um pouco, desvie o olhar da tela e faça alongamentos de baixa intensidade nas partes do corpo.

Dica ☺

Neste livro, vamos aprender a operar programas de escritório que fazem parte da suíte Microsoft Office versão 2010 – Microsoft Word, Microsoft Excel e Microsoft Power Point. Algumas das operações, guias e comandos apresentados são válidos também para a versão 2013 da suíte.

2

INTRODUÇÃO À INFORMÁTICA

Computadores já foram máquinas de calcular de custo muito alto, trabalhosas de manter e com tamanho considerável. Atualmente usamos esses equipamentos para muitas outras funções, além de fazer cálculos. Escrevemos textos, podemos nos comunicar com pessoas em praticamente qualquer parte do mundo, controlar nosso orçamento doméstico, fazer compras etc. Porém, no seu funcionamento básico, os computadores modernos guardam muitas semelhanças com as enormes máquinas de calcular do passado. Por exemplo, dispositivos para entrada e saída de dados, como monitor, teclado e mouse, ainda são necessários para promover a comunicação do computador conosco, que somos seus operadores e usuários.

COMO FUNCIONA UM COMPUTADOR

Para funcionar, os computadores precisam de dispositivos de entrada de dados, que permitam ao seu usuário indicar o que deseja fazer. Durante muito tempo, o teclado era praticamente o único dispositivo de entrada de dados presente nos computadores. Atualmente mouses, touchpads e telas sensíveis ao toque (touchscreen) atuam para substituir e/ou complementar o teclado.

Com esses dispositivos, podemos digitar textos, desenhar, indicar, selecionar o que queremos fazer. Como é uma ação ou comando que parte de nós para o computador, então considera-se entrada de dados.

Assim como temos a entrada de dados, precisamos da saída de dados. Ou seja, o computador informando o resultado de um processamento a partir do que lhe foi informado. Os principais dispositivos usados com essa finalidade são monitores de vídeo, impressoras e fones de ouvido.

Vimos que precisamos de dispositivos para informar ao computador o que queremos e dispositivos que permitam ao computador comunicar o resultado de um processamento. Esses dispositivos são denominados de equipamentos periféricos. Porém, para receber os dados

dos periféricos de entrada, armazená-los, processá-los e remetê-los aos periféricos de saída, o computador possui uma Unidade Central de Processamento (UCP ou CPU – Central Processing Unit), uma memória principal de armazenamento temporário e dispositivos de armazenamento permanente de dados.

A CPU muitas vezes é confundida com o gabinete. O gabinete é um móvel técnico usado para organizar as placas, fonte de alimentação e conexões que irão compor um computador. A CPU é um elemento responsável pelo gerenciamento dos recursos de um computador e pelo processamento dos dados. Fica localizada dentro do gabinete, mais especificamente conectada a um soquete apropriado na placa principal do computador.

Podemos usar o programa Calculadora, para entendermos na prática como funciona esse gerenciamento e processamento da CPU. Usando o teclado, podemos digitar o número 5 seguido do sinal de soma mais o número 8 (**figura 1**). Depois pressionamos o sinal de igual e teremos o resultado da operação de somar 5 + 8, que é 13 (**figura 2**).

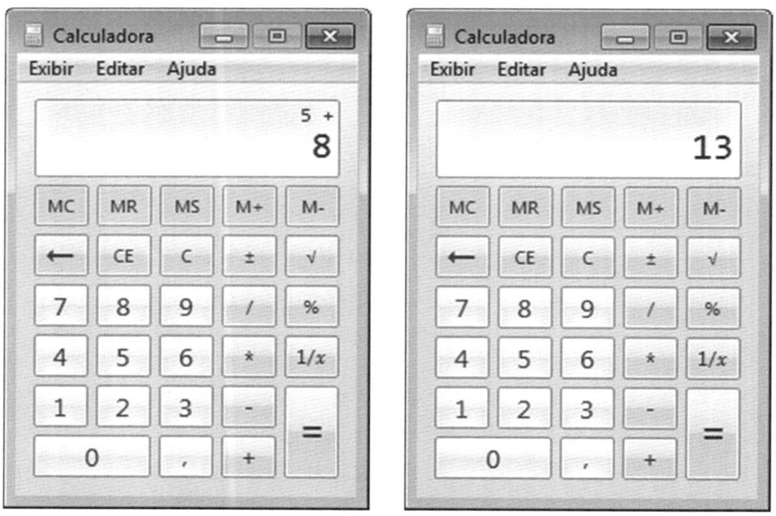

Figuras 1 e 2 **– Calculadora: entrada de dados e resultado**

Nesse caso, usamos o teclado como periférico de entrada para digitar os números e a operação desejada. Nesse momento, a CPU comanda que as entradas no teclado devem ser exibidas no monitor de vídeo, ou seja, está gerenciando o funcionamento dos periféricos. Ela também é responsável por armazenar na memória principal do computador os números e a operação desejada, ou seja, gerenciamento da memória disponível.

Ao pressionarmos o sinal de igual na Calculadora, os dois números informados são somados para gerar o resultado. Nesse caso, temos processamento de dados. Posteriormente esse resultado é armazenado na memória principal e exibido na tela do monitor. Na **figura 3**, vemos um diagrama do funcionamento da CPU.

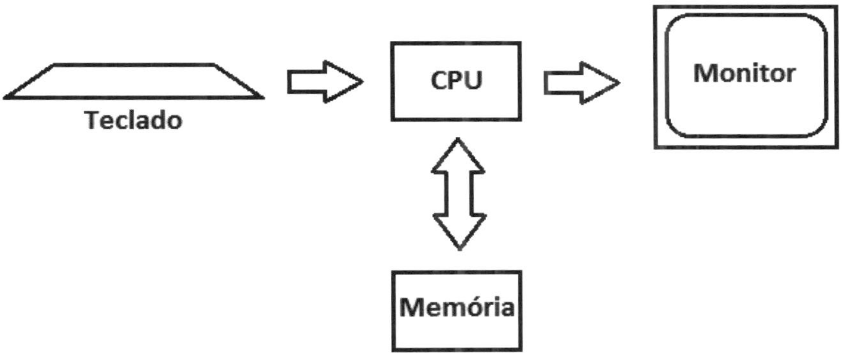

Figura 3 **– Funcionamento da CPU**

No exemplo mostrado, tanto as entradas de dados quanto o resultado do processamento ficaram armazenados na memória principal do computador. Essa memória, também chamada de memória de acesso aleatório ou memória RAM (Random Access Memory), só consegue manter os dados armazenados nela enquanto o computador está ligado. Ao desligarmos o computador, todo o seu conteúdo é perdido. Por isso que a memória RAM é caracterizada como volátil. Então, se quisermos armazenar os dados processados de forma mais durável, temos de usar dispositivo de armazenamento permanente de dados.

Entre esses equipamentos, os mais usados atualmente são o disco rígido e o pen-drive. O disco rígido fica localizado dentro do gabinete e é onde guardamos a maioria dos programas e dados que usamos no computador. Já o pen-drive é usado para transportar dados ou para se ter uma cópia de segurança do que está armazenado no disco rígido. Veremos mais a respeito desse dispositivo no tópico “Pen-drive”.

Continuando a utilizar o exemplo da Calculadora, para todos esses dispositivos funcionarem, são necessários comandos que ordenem o que eles precisam fazer. No exemplo mostrado, é o programa Calculadora que emite comandos para a CPU requisitando seus recursos ou seu processamento. Sem os programas, o computador é um monte de placas, fios e circuitos eletrônicos sem serventia. Os programas é que dão utilidade aos computadores.

Diante do que mostramos, podemos agora definir dois conceitos básicos da Informática. Todos os equipamentos e dispositivos que compõem um sistema computacional são denominados de hardware (parte física do computador). Periféricos, CPU, memórias e dispositivos de armazenamento permanente fazem parte do hardware do computador. Já os programas, também conhecidos como software, são a parte lógica do computador. Temos editores de texto, planilhas eletrônicas, programas de controle de estoque ou folhas de pagamentos etc.

Teclado

Foto 1 – Teclado

O teclado (**Foto 1**), como já vimos, é um dos principais periféricos de entrada de dados para o computador. Podemos dividir suas teclas de acordo com a sua funcionalidade em alfabéticas (letras), numéricas, de sinais e pontuação e de controle.

A disposição (layout) das teclas de letras pode mudar de acordo com o país onde o teclado vai ser usado. No Brasil, usamos a disposição conhecida como QWERTY, que faz referência à posição das seis teclas do canto superior esquerdo.

Dentro desse layout mais geral, vamos ter pequenas variações referentes ao acréscimo ou exclusão de algumas teclas. No caso brasileiro, usamos o teclado QWERTY considerado padrão pela Associação Brasileira de Normas Técnicas (ABNT), que difere do padrão do QWERTY dos Estados Unidos pela presença da tecla do cê-cedilha.

Para usarmos o teclado alfabético, basta pressionar a tecla com a letra desejada, que ela vai aparecer no monitor de vídeo, na tela do programa que estivermos usando. A posição que a letra vai aparecer é determinada pela localização do cursor. O cursor é uma barra piscante, geralmente vertical, que aparece na tela. Mais à frente no texto, vamos aprender como podemos mudar a sua posição de forma a escolher o ponto de inserção de um caractere.

Por padrão, a letra aparecerá no formato minúsculo, mas, se a tecla de controle CapsLock (também identificada como Fixa em teclados brasileiros) estiver ligada, as letras aparecerão maiúsculas. Há um LED, pequena luz, nos teclados, que acende para indicar que o Fixa (ou CapsLock) está ligado.

Outra forma de alterarmos o formato em que a letra será exibida é utilizando a tecla Shift. Essa tecla, quando pressionada simultaneamente com uma letra, inverte o estado do Fixa. Se, por padrão, a letra for minúscula, ao fazermos essa operação, ela será exibida maiúscula, e vice-versa.

Outra função da tecla Shift é possibilitar que o segundo caractere, em teclas que têm dois caracteres, seja acionado. Por exemplo, em muitos teclados a tecla do número 7 possui também marcada o caractere & (e comercial). Para fazer aparecer no vídeo o caractere &, precisamos pressionar a tecla ao mesmo tempo em que pressionamos a tecla Shift.

Outras duas teclas de controle muito importantes são Delete (ou Del) e BackSpace. Elas têm a função de apagar algo que foi digitado. A diferença é que Del apaga o que está à direita do cursor e BackSpace o que está à esquerda. Ou seja, BackSpace volta o cursor apagando.

E, para finalizarmos nosso estudo inicial do teclado, temos a tecla Enter. Basicamente ela serve para encerrar uma entrada de dados ou forçar uma mudança de linha quando estamos digitando um texto.

Mouse e touchpad

Foto 2 **– Mouse**

Além do teclado, usamos muito na operação de computadores o mouse (**foto 2**) e o touchpad. Ambos são periféricos de entrada chamados de dispositivos de apontamento ou indicação, pois permitem que indiquemos na tela do monitor de vídeo o que desejamos fazer. A ideia é que eles funcionem como se fossem nosso dedo indicador percorrendo a tela apontando, movendo e selecionado os objetos presentes nela.

A utilização do mouse consiste em movimentá-lo sobre uma superfície. Essa movimentação é "percebida" por um conjunto óptico, presente na sua parte inferior. A única exigência é que essa superfície apresente condições de reflexão de luz que possibilitem ao conjunto óptico "perceber" que o mouse está se movimentando.

Em sincronia com o movimento do mouse, um ponteiro presente na tela do monitor também se movimenta. Podemos simplesmente mover o mouse sem clicar nenhum botão, ou movimentá-lo com o botão esquerdo pressionado fazendo o movimento chamado de arrastar. Esse ponteiro pode apresentar diversos formatos, porém o mais comum é o de uma seta.

Ao pararmos o ponteiro sobre algum item da tela, estamos apontando esse objeto. Em algumas situações, esse movimento é suficiente para executar uma função, mas, na maioria das vezes, é necessário pressionar o botão esquerdo do mouse. Esse movimento é chamado de clicar, por causa do som de clique gerado pelo pressionamento do botão.

O mouse também possui um segundo botão do lado direito, que é usado de forma semelhante ao botão esquerdo, mas gerando uma ação diferente. No decorrer do livro, avisaremos quando precisarmos usar o botão direito.

Para ativarmos alguns recursos, teremos de clicar rapidamente mais de uma vez no botão esquerdo. Dessa forma, podemos ter o clique duplo (clicar duas vezes rapidamente) e o clique triplo (clicar três vezes).

Um terceiro botão presente nos dispositivos atuais é o de rolagem. Apesar de seu formato de roda, ele também é um botão que tanto pode ser pressionado quanto girado. Quando girado, o conteúdo da tela é rolado para cima ou para baixo dependendo do sentido do movimento. Ao ser pressionado, ele seleciona o objeto apontado e executa uma ação.

O touchpad tem função semelhante à do mouse, mas apresenta recursos específicos. É um dispositivo praticamente obrigatório em computadores portáteis, como notebook e netbook. Ele possui uma superfície na qual deslizamos nosso dedo indicando a movimentação do ponteiro na tela.

Também como no mouse, temos dois botões para clicar sobre objetos da tela, mas podemos ter a mesma ação de pressionar o botão esquerdo executando um toque um pouco mais forte na superfície do touchpad.

Por enquanto, esses movimentos são suficientes para a maioria das operações. No decorrer do livro, veremos outros recursos tanto do mouse quanto do touchpad.

Área de trabalho

Anteriormente definimos que, para o computador funcionar, ele precisa de programas que "digam" o que ele deve fazer. Entre os diversos programas que usaremos, um em especial é indispensável: o sistema operacional, ou simplesmente SO. Ele está entre os primeiros programas a entrar em funcionamento quando ligamos o equipamento. É responsável por promover a conexão entre o usuário e o computador. Dessa forma, quase todos os programas necessitam dele para ter acesso ao processador, memória e sistema de arquivamento.

Atualmente, vários sistemas são usados em computadores pessoais. Segundo a NetMarketShare, empresa que promove pesquisas estatísticas sobre participação no mercado de tecnologias da informação, os mais usados em junho de 2019 foram: Windows 7 (com 38,52% de participação), Windows 10 (com 39,87%), Windows XP (com 3,35%), Windows 8.1 (com 4,57%), Windows 8 (com 0,90%) e Mac OS X em todas as versões usadas (com 8,98%). Neste livro, veremos recursos que são comuns às versões 7, 8 e 10 do Windows, sistemas desenvolvidos pela Microsoft, mas com foco principal na versão 10, que é a mais atual.

Para quem está operando o SO, a principal tela de interação é a área de trabalho. Nos sistemas Windows, veremos algumas diferenças da área de trabalho entre as versões, mas a maior parte dos elementos é muito semelhante aos mostrados na **figura 4**, a área do Windows 10.

Figura 4 – **Área de trabalho do Windows 10 e ícones do Microsoft Edge e do Google Chrome na barra de tarefas**

Através da área de trabalho, temos acesso aos programas instalados. Uma das formas de acessar os programas é clicar sobre o ícone (imagem representativa). Por exemplo, na área de trabalho mostrada na **figura 4**, para acessar o programa Microsoft Edge, usado para navegar na internet, podemos clicar sobre o ícone presente na barra de tarefas. Como já comentamos, temos outras formas de executar um programa. Na área de trabalho mostrada, podemos executar o navegador Google

Chrome tanto via ícone presente na barra de tarefas quanto pelo ícone da área de trabalho. A diferença entre os dois métodos é que na barra de tarefas acessamos com um clique e na área de trabalho com clique duplo. É possível configurar para, em ambos os casos, o programa abrir com um clique só.

Menu Iniciar

Outra maneira de executar os programas instalados é acessá-los via menu Iniciar. Esse menu está disponível através de um ícone no canto inferior esquerdo da tela (**figura 5**). Para acessá-lo, basta clicar sobre esse ícone.

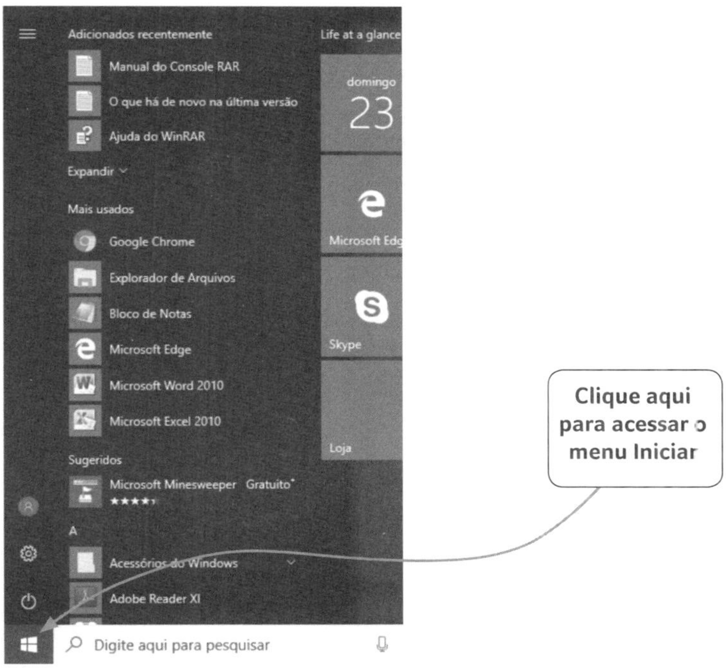

Figura 5 – **Menu Iniciar**

Assim que o menu Iniciar aparece, temos acesso aos programas mais usados e aos adicionados recentemente, mas, se quisermos executar outros aplicativos, como a lista é muito extensa, é usada uma barra de rolagem para permitir o acesso às opções que não estão aparecendo (**figura 6**).

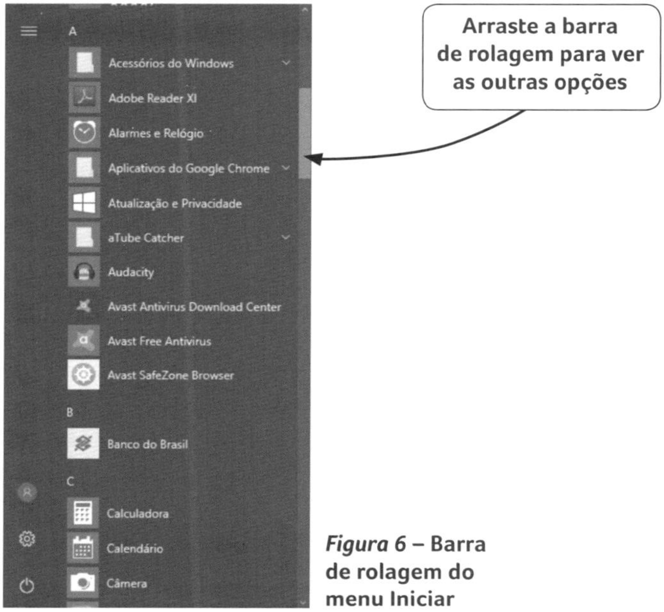

***Figura 6* – Barra de rolagem do menu Iniciar**

Programas acessórios

O Windows possui instalados alguns programas acessórios que são simples, porém bem úteis. Vejamos, com mais detalhes, dois deles: a Calculadora e o Paint. Eles servem, respectivamente, para fazer cálculos matemáticos e desenhar.

Para executar o Paint, acessamos o menu Iniciar e rolamos a barra até chegar ao submenu Acessórios do Windows. Clicando em Acessórios do Windows, veremos diversos programas disponíveis nesse submenu (**figura 7**), entre eles o Paint. Já a Calculadora está acessível por meio da barra de tarefas próxima ao ícone do Microsoft Edge.

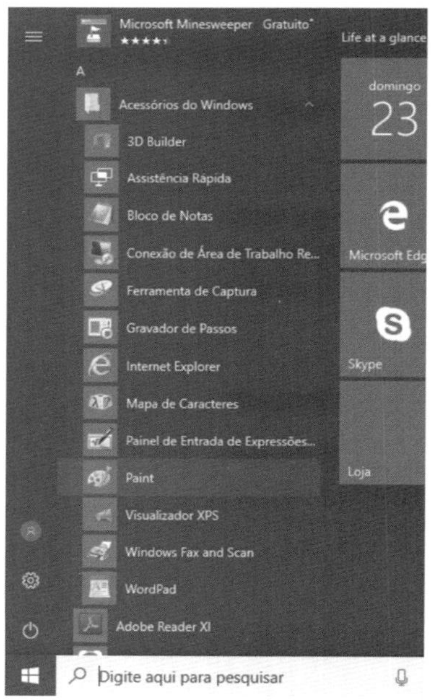

***Figura 7* – Acessórios do Windows**

CALCULADORA

Clicando na opção Calculadora, podemos executar cálculos simples de adição, subtração, multiplicação, divisão, percentual e raiz quadrada.

Na tela do programa, temos uma representação de todas as teclas presentes numa calculadora comum. Para efetuarmos os cálculos, basta clicarmos sobre as teclas desejadas, da mesma forma que faríamos numa calculadora que estivesse em nossas mãos. Por exemplo, para somarmos o número 120 ao número 54 clicamos nos números 1, 2 e 0 em sequência, depois clicamos sobre o sinal de + (adição), clicamos nos números 5 e 4 e, por último, no sinal de = para exibir o resultado do cálculo. No **quadro 1**, listamos as teclas da Calculadora e a função que elas executam.

Tecla	Função
+	Adição
–	Subtração
*	Multiplicação
/	Divisão
±	Troca de sinal
←	Volta apagando
CE	Apaga somente o último número de uma operação
C	Apaga toda a operação
MS	Armazena na memória o número exibido
MC	Apaga o conteúdo da memória
MR	Recupera o número armazenado na memória
M+	Soma o número exibido ao número armazenado na memória
M-	Subtrai do número armazenado na memória o número exibido
√	Calcula a raiz quadrada do número
%	Calcula um percentual de um número
1/x	Divide 1 pelo número informado

Quadro 1 **– Teclas da Calculadora**

PAINT

O Paint, outro programa do submenu Acessórios do Windows, é voltado ao desenho.

Na **figura 8**, vemos a tela do programa. O grande espaço mostrado na tela é a área de desenho. Clicando sobre essa área e arrastando o mouse sem soltar o clique, ativamos o recurso de desenhar. O traço do desenho seguirá o movimento que fizermos com o mouse. Desenhamos uma maçã, ou tentamos desenhar uma, arrastando o mouse sobre a área de desenho.

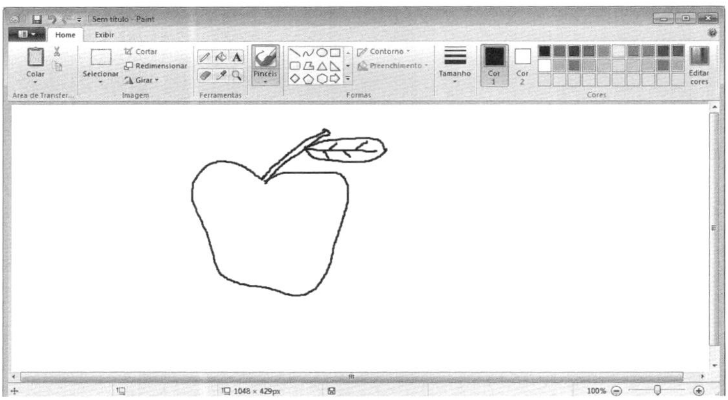

Figura 8 **– Tela do Paint com desenho**

Acima da área de desenho, temos uma barra de ferramentas, que exibe os recursos de desenho e pintura disponíveis. Nessa barra, há seis ferramentas, que podem ser escolhidas clicando sobre seus ícones. Na **figura 9**, listamos essas ferramentas e sua função.

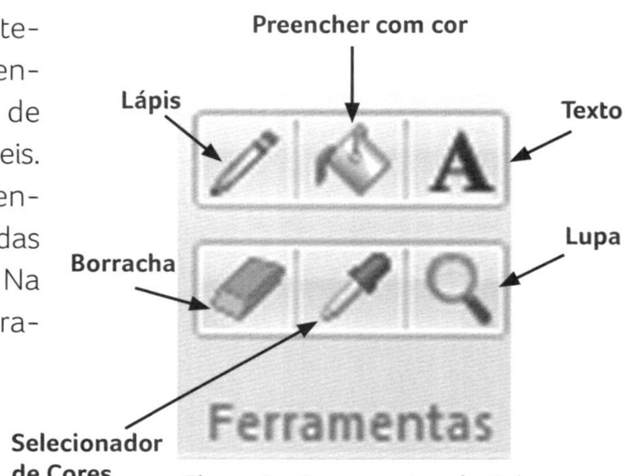

Figura 9 **– Ferramentas do Paint**

A ferramenta Lápis é a que usamos para desenho livre, mantendo o clique e arrastando o mouse de acordo com o desenho que queremos produzir. A Borracha apaga o conteúdo da área de desenho; assim como o Lápis, clicamos com o mouse no ícone dessa ferramenta e arrastamos o ponteiro do mouse, mantendo o clique, sobre a parte do desenho que queremos apagar.

A ferramenta Lupa é usada para aumentar parte do desenho, a fim de facilitar a visualização. O desenho não aumenta de tamanho, somente a visualização dele, da mesma forma que o recurso de zoom presente em câmeras de filmagem. O uso dela é bem simples: ao ativá-la aparecerá um retângulo na área de desenho; posicionamos o retângulo sobre o que queremos ampliar e clicamos com o botão esquerdo do mouse. Se quisermos reduzir, clicamos com o direito.

Com a ferramenta Texto, podemos inserir texto próximo ao desenho. Após selecioná-la, clicamos no local da área de desenho em que vamos inserir o texto. Uma caixa de texto aparecerá e o que digitarmos no teclado será visto nessa caixa (**figura 10**).

***Figura 10* – Ferramenta Texto**

Antes de vermos o funcionamento da próxima ferramenta, precisamos conhecer outro recurso do Paint: a Paleta de Cores. Nela escolhemos qual a cor ativa que será usada pelas ferramentas de desenho e texto. Para escolher uma cor, basta clicar sobre ela na paleta. Para saber a cor que está em uso, verificamos qual está indicada como Cor 1 na paleta. A Cor 2 é a cor usada como cor de fundo e, para selecioná-la, clicamos com o botão direito do mouse sobre a cor desejada.

Depois de conhecer a Paleta de Cores, podemos ver o funcionamento da ferramenta Preencher com Cor. Voltando ao desenho da maçã, podemos melhorá-lo pintando a figura de vermelho. Podemos usar a ferramenta Pincel, escolher a cor vermelha na paleta e rabiscar o interior da maçã. O resultado não é muito bom, além de ser demorado.

Em vez disso, podemos usar a ferramenta Preencher com Cor. Seu uso é bem simples. Escolhemos a cor desejada na paleta e depois selecionamos a ferramenta. O ponteiro do mouse vai assumir a forma de um balde derramando tinta. Depois é só clicar sobre a área que queremos preencher com a cor escolhida. Para termos sucesso no uso da ferramenta, a área a ser preenchida tem que ter seu contorno fechado, caso contrário será pintado bem mais do que o desejado.

Manipulação de janelas

Todos os programas que usamos até agora foram executados dentro de uma estrutura comum. Se prestarmos atenção, vamos ver que, tanto na Calculadora quanto no Paint, o entorno da tela do programa tinha elementos semelhantes. Isso acontece porque os programas são executados em janelas. Por isso, Windows, janelas em português, é usado para dar nome ao sistema operacional.

Se voltarmos a executar os programas Paint e Calculadora, veremos que, no canto superior direito das janelas deles, temos os elementos mostrados na **figura 11**. São três botões, que servem para minimizar, maximizar e fechar o programa.

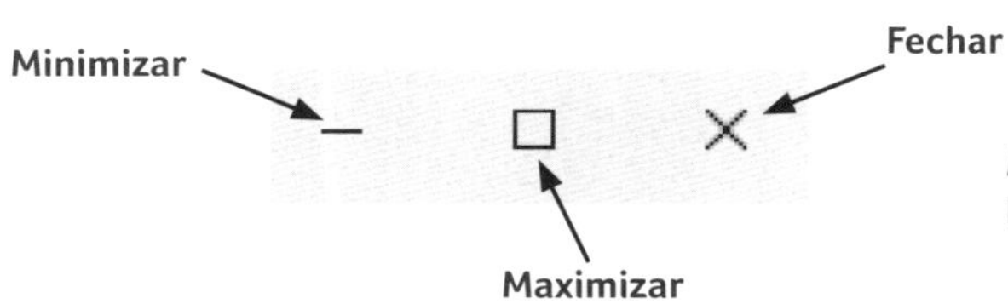

***Figura 11* – Botões da janela**

A operação Minimizar consiste em reduzir a janela a um ícone na barra de tarefas. O programa não é encerrado, continua funcionando. Quando quisermos restaurá-lo, basta clicar sobre o ícone minimizado na barra de tarefas.

A operação Maximizar faz a janela ficar com o maior tamanho possível. Depois de usarmos esse recurso, aparecerá, no lugar do botão de Maximizar, o botão de Restaurar. Ele tem a função de restaurar o tamanho da janela ao anterior à maximização.

Outro elemento importante de uma janela é a Barra de Título (**figura 12**). Ela serve para identificar a janela e também para movê-la. Clicando sobre ela e mantendo o botão esquerdo do mouse pressionado, podemos movimentá-la. Para onde movermos o mouse, a janela será movimentada também.

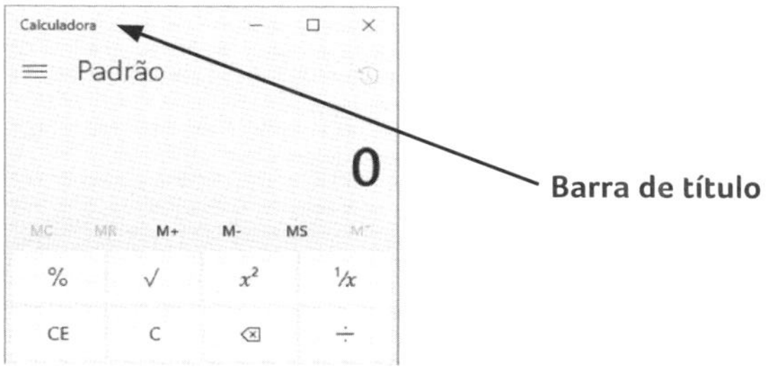

Figura 12 **– Barra de título**

As bordas são um elemento que contorna a janela. Podemos usá-las para aumentar ou diminuir seu tamanho. Ao passar o ponteiro do mouse sobre a borda, vemos que ele muda de formato, ficando semelhante ao símbolo ⇔. Nesse momento, se clicarmos e arrastarmos o mouse sem soltar o clique, a janela aumentará ou diminuirá de tamanho dependendo do sentido da movimentação do mouse.

Barra de tarefas

Já usamos anteriormente a barra de tarefas do Windows. É nela que está o acesso ao menu Iniciar e os ícones de acesso aos programas que estão minimizados ou abertos. Mas há alguns recursos que ainda não vimos.

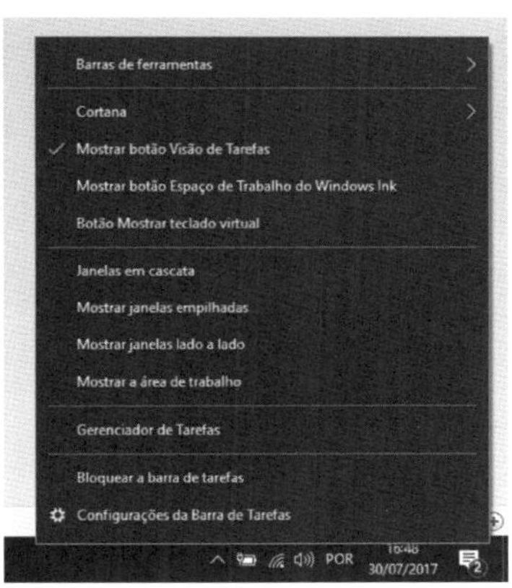

Figura 13 **– Menu de configuração da barra**

Geralmente, ela fica localizada na parte inferior da tela, mas podemos posicioná-la nas laterais e mesmo na parte superior. Se clicarmos com o botão direito sobre uma área livre da barra, temos acesso a um menu de configuração (**figura 13**).

Nesse menu, temos uma opção chamada Bloquear a barra de tarefas. Se ela estiver ativada, não podemos nem mudar a barra de posição nem modificar seu tamanho. Então, antes de reposicionar ou modificar o tamanho da barra, devemos desativar essa opção clicando sobre ela. Para reativar, basta clicar novamente sobre ela. Para reposicionar a barra, arraste-a para o lado que desejar.

Para mudar o tamanho da barra, posicione o ponteiro do mouse sobre sua borda superior. O formato do ponteiro mudará para duas pontas. Quando isso acontecer, arraste o mouse, que o tamanho da barra será modificado.

Outros recursos importantes presentes na barra são um relógio e um calendário. Tanto o horário quanto a data registrados neles são usados por todos os outros programas instalados no computador. Para fazer modificações na hora ou data registrada como atual, deve-se clicar sobre a área da barra onde elas são exibidas (**figura 14**).

***Figura 14* – Calendário e relógio**

Ao clicarmos, aparecerá o calendário completo do mês corrente, bem como um relógio. Para modificarmos a data, basta clicar sobre o dia desejado. Para modificar o mês, clique nas setas ao lado da indicação do mês corrente. Se clicarmos na seta para baixo, avançaremos para os meses seguintes ao atual e, na seta que aponta para cima, recuaremos aos meses anteriores.

Para alterar o horário, deve-se clicar com o botão direito sobre o horário. Ao fazermos isso, acessamos o menu de configuração da barra de tarefas; nele, escolhemos a opção Ajustar data/hora. Será exibida a janela de configurações de Data e Hora (**figura 15**). A partir dessa janela, podemos fazer todas as configurações relacionadas ao relógio e ao calendário do sistema.

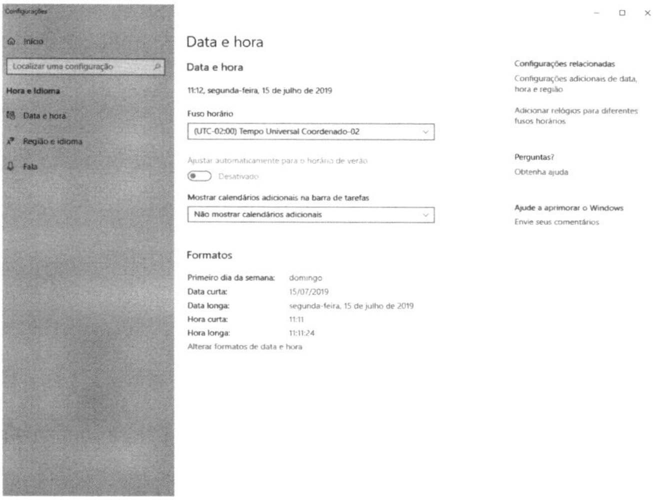

***Figura 15* – Janela Data e Hora**

Recortar, copiar e colar

Em diversas situações, precisaremos mover ou duplicar um dado entre programas distintos ou no mesmo programa. Para isso, temos à disposição os recursos de recortar e colar e de copiar e colar, respectivamente quando queremos mover ou duplicar um dado.

Para exemplificar, vejamos como fazer isso no Paint. Antes de recortar ou copiar, precisamos indicar ao sistema qual dado será movido ou duplicado. No Paint, usamos o recurso de Selecionar para fazermos essa indicação.

Na **figura 16**, indicamos a ferramenta Selecionar. Clicando sobre ela, podemos selecionar parte do desenho ou texto arrastando o mouse, formando um retângulo pontilhado em volta da área desejada. Fizemos isso com o texto “Introdução à Informática”.

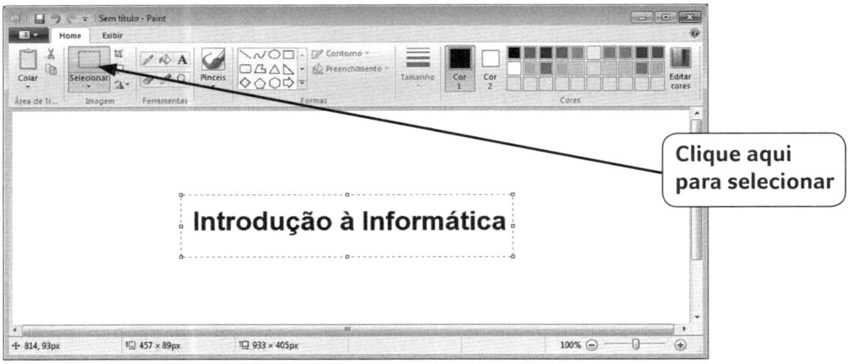

Figura 16 **– Selecionar texto**

Feita a seleção, podemos escolher a opção Copiar para duplicar o texto. Executamos isso clicando sobre o ícone Copiar, indicado na **figura 17**.

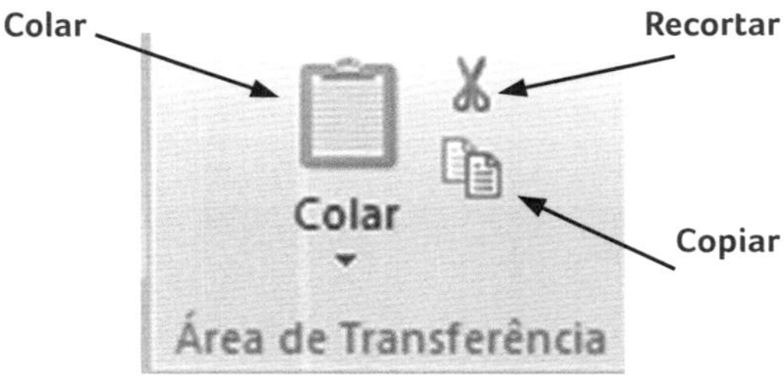

Figura 17 **– Recortar, Copiar e Colar**

Após clicarmos em Copiar, clicamos em Colar e uma cópia do texto aparece na tela. Ela aparece no canto superior esquerdo da área de desenho do Paint, mas podemos arrastá-la para outro ponto da área (**figura 18**).

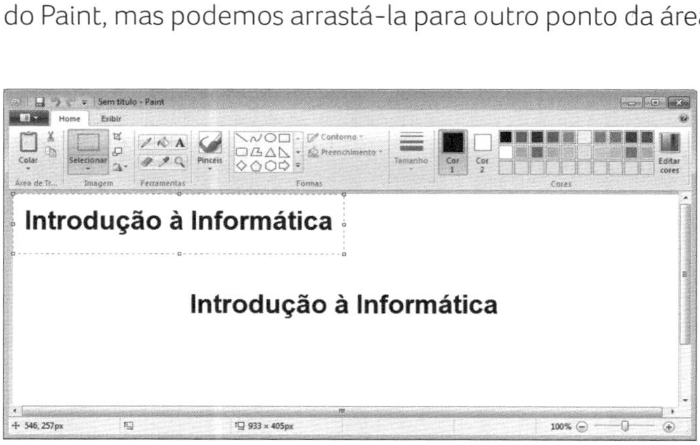

Figura 18 **– Texto duplicado**

Vimos como fazer uma cópia de um dado, porém, se quisermos movê--lo, precisaremos usar o recurso Recortar. O procedimento é semelhante: primeiro selecionamos a parte do dado que queremos cortar. Na **figura 19**, selecionamos a palavra Introdução.

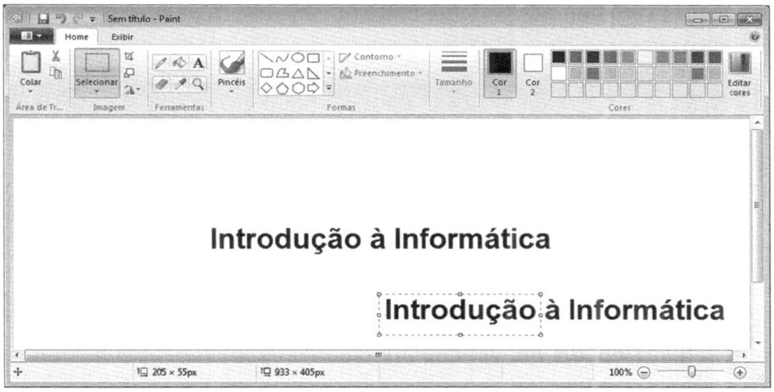

***Figura 19* – Seleção de parte de um texto**

Depois, clicamos no ícone Recortar e a palavra some. Ao clicarmos em Colar, ela aparecerá no canto superior esquerdo da área de desenho do Paint.

ÁREA DE TRANSFERÊNCIA

Quando copiamos e colamos ou recortamos e colamos um texto, um número, parte de uma imagem ou foto, estamos usando um recurso do Windows que geralmente fica oculto, a Área de Transferência, que está localizada na memória do computador. Nela se armazena o dado copiado ou recortado esperando o comando de colar.

Vimos como duplicar e mover dados dentro de um mesmo programa, mas podemos também fazer isso com programas distintos. Por exemplo, um desenho feito no Paint pode ser copiado para um arquivo de texto produzido com o programa Microsoft Word ou um texto de uma página na internet pode ser copiado para um arquivo também no Word. Em vários momentos deste livro, retomaremos os procedimentos de copiar e colar e recortar e colar, pois necessitaremos deles nos programas aplicativos que estudaremos.

Manipulação de arquivos

Quando anteriormente utilizamos o Paint para desenhar e escrever texto, não nos preocupamos em gravar o que fizemos para posteriormente recuperarmos. Tudo o que produzimos fica na memória RAM e já vimos que essa memória é volátil, ou seja, ao desligarmos o computador, esse conteúdo é perdido.

Se quisermos guardar os textos, desenhos e outras informações que produzimos no computador, precisaremos gravá-los em um dispositivo de armazenamento permanente de dados. As informações são armazenadas no formato de arquivos e esse procedimento de gravação é chamado de salvar arquivo.

Voltando ao Paint, se quisermos salvar em arquivo o desenho da maçã, deveremos clicar sobre o ícone Salvar.

Ao executar esse comando, a janela Salvar Como é aberta (**figura 20**). Nessa janela, digitamos um nome para o arquivo na caixa de texto Nome e depois clicamos no botão Salvar, para que seja gravado. O arquivo é salvo na pasta Documentos. Mais adiante, veremos que podemos escolher outras pastas para salvar nossos arquivos. Pastas são locais criados nos dispositivos de armazenamento para salvar nossos arquivos de forma organizada. O conceito é o mesmo das pastas que usamos no cotidiano para guardar documentos, cartas etc.

***Figura 20* – Janela Salvar Como**

No nosso exemplo, salvamos o arquivo com o nome maçã. Para recuperarmos o arquivo para futuras visualizações ou alterações de conteúdo, usamos o recurso Abrir.

No menu exibido (**figura 21**), clicamos na opção Abrir e acessamos essa janela. Nela, selecionamos o arquivo desejado clicando sobre ele e, depois, no botão Abrir, para recuperá-lo na tela.

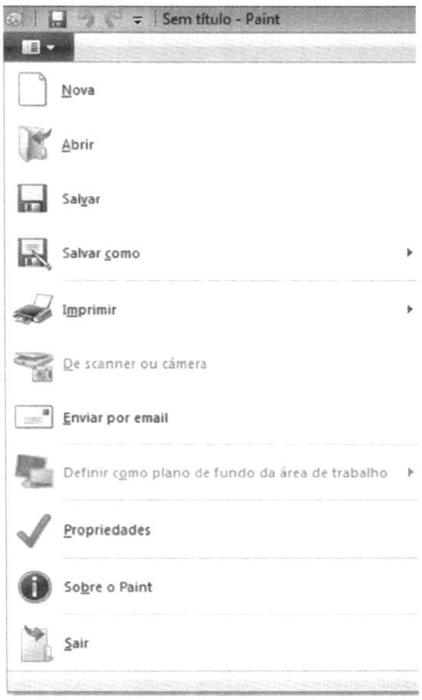

Figura 21 – **Menu**

Depois disso, o arquivo será aberto na tela e poderemos visualizá-lo ou modificar o seu conteúdo. Se fizermos alguma modificação ou acréscimo, precisaremos salvar novamente o arquivo. No menu da **figura 21**, temos duas opções de salvamento: Salvar e Salvar Como.

Usamos Salvar para gravar os dados no mesmo arquivo atual. É a forma mais rápida de salvar quando o arquivo já foi gravado uma vez. Quando queremos gravar os dados com outro nome de arquivo ou em outra pasta, usamos a opção Salvar Como. No primeiro salvamento de um arquivo, sempre vamos para Salvar Como, mesmo que selecionemos a opção Salvar. Isso acontece porque o arquivo ainda não tem um nome.

EXPLORADOR DE ARQUIVOS

Na explicação anterior, quando salvamos um arquivo, utilizamos uma pasta-padrão para gravá-lo. A pasta Documentos é criada de forma automática para cada usuário do Windows. Porém, podemos criar nossas próprias pastas, visando organizar e facilitar o acesso aos arquivos.

Com o programa Explorador de Arquivos, acessível através do ícone na barra de tarefas (**figura 22**), podemos criar, excluir, renomear, copiar e mover pastas e arquivos, presentes em qualquer dispositivo permanente de armazenamento.

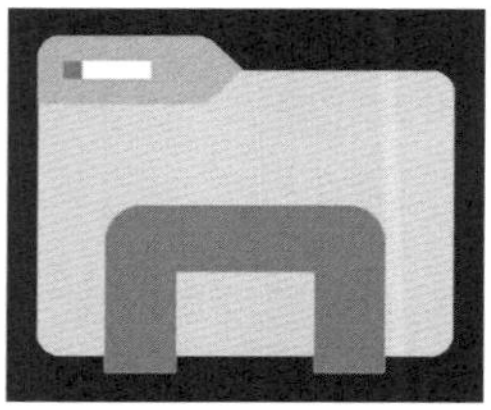

Figura 22 – **Acesso ao Explorador de Arquivos**

Na **figura 23**, temos a janela do Explorador de Arquivos. No lado esquerdo, selecionamos a pasta ou dispositivo que queremos ver e/ou manipular seu conteúdo e, no lado direito, aparece o que ela contém.

Ao clicar na pasta Documentos, visualizamos o seu conteúdo. Podemos também criar uma pasta dentro de Documentos clicando com o botão direito do mouse em uma área livre (em branco) do lado direito da janela. Aparecerá um menu de contexto; posicionando o mouse sobre a opção Novo, será exibido um submenu. Nele, clicamos na opção Pasta, conforme vemos na **figura 24**.

Após clicarmos nessa opção, aparecerá na parte direita da janela do Explorador de Arquivos uma pasta com o nome provisório de Nova Pasta (**figura 25**).

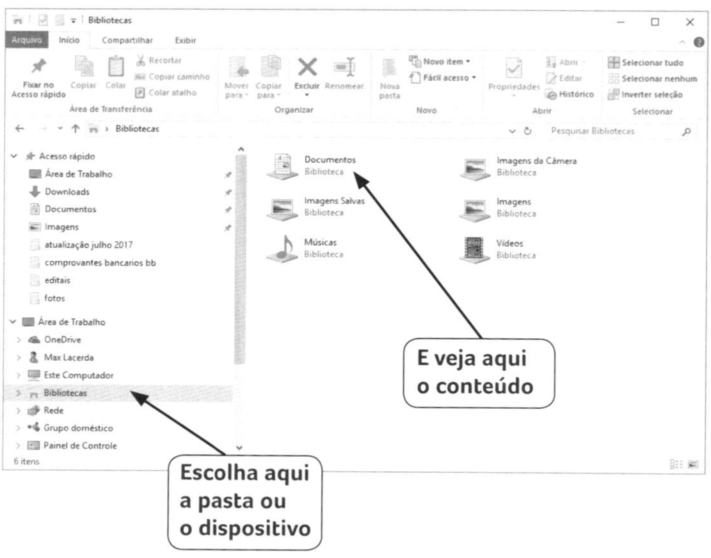

Figura 23 – **Janela do Explorador de Arquivos**

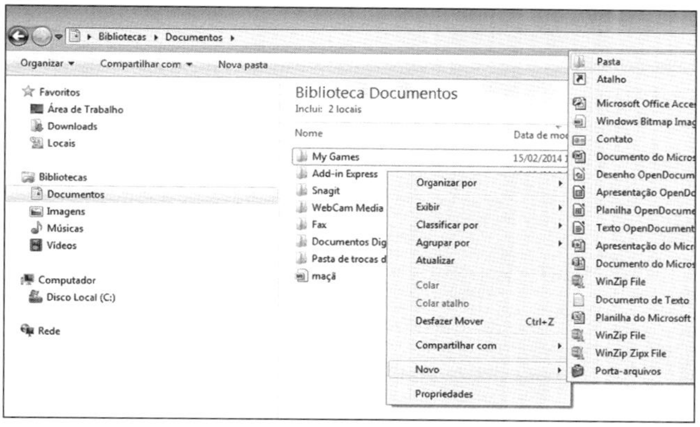

Figura 24 – **Criando uma pasta**

Figura 25 – **Nova Pasta**

Nesse momento, podemos começar a digitar o nome que queremos para a pasta, que sobrescreverá o nome provisório. Digitamos o nome Trabalhos Escolares. Basta digitar a tecla Enter para finalizar e a pasta estará pronta para receber arquivos.

Se quisermos renomear, excluir, copiar ou mover uma pasta, poderemos usar o menu de contexto que aparece ao clicarmos com o botão direito do mouse sobre ela.

Com a pasta criada, podemos salvar e colar arquivos nela, além de criar subpastas no seu interior. Como exemplo, vamos copiar o arquivo maçã.png, presente na pasta Documentos, para a subpasta Trabalhos Escolares. Primeiro clicamos sobre o arquivo com o botão direito do mouse para exibir o menu de contexto. Nesse menu, clicamos sobre a opção Copiar.

Depois abrimos a pasta Trabalhos Escolares usando clique duplo. Com a pasta aberta, clicamos novamente com o botão direito sobre uma área livre (em branco) do seu conteúdo (lado direito). No menu de contexto que será exibido, escolhemos a opção Colar.

Depois dessa operação, uma cópia do arquivo é gerada na pasta Trabalhos Escolares.

Se quisermos mover o arquivo em vez de copiá-lo, basta iniciar o processo escolhendo a opção Recortar. Podemos também renomear e excluir um arquivo.

No **quadro 2**, listamos os tipos de arquivos mais comuns.

Formato	Dados	Extensão
Portable Network GraphicsImage	Fotos, desenhos, imagens em geral	PNG
Aplicativo	Programa	EXE
Planilha do Microsoft Office Excel	Planilha eletrônica formato Microsoft Office	XLS ou XLSX
Documento do Microsoft Office Word	Texto formato Microsoft Office	DOC ou DOCX
Adobe Acrobat Document	Texto formato PDF	PDF
Texto OpenDocument	Texto formato Open Office	ODT
JPEG Image	Imagens, fotos e desenhos	JPG
Planilha OpenOffice.org	Planilha eletrônica formato Open Office	XLS

***Quadro 2* – Tipos de arquivos**

UNIDADE DE MEDIDA DE ARMAZENAMENTO ▶▶

Os dados processados e armazenados em computadores utilizam uma unidade de medida própria chamada byte. Um byte equivale a uma letra, um número inteiro ou um ponto numa foto de baixa resolução. Quanto mais letras um texto tiver, mais bytes de espaço ele ocupará no dispositivo de armazenamento. Para representar quantidades maiores de dados, são utilizados os múltiplos kilobyte ou KB (1.024 bytes), megabyte ou MB (1.024 KB), gigabyte ou GB (1.024 MB) e terabyte ou TB (1.024 GB).

Pen-drive

Foto 3 – **Modelo de pen-drive**

Existem muitos dispositivos de armazenamento permanente de dados, mas atualmente dois são os mais usados pelos usuários de microcomputadores: o drive de disco rígido (HD ou Hard Disk) e o pen-drive (**foto 3**). O HD equipa os computadores de mesa e grande parte dos computadores portáteis, notadamente os notebooks. Estão montados dentro do computador, portanto não são recomendados para transporte de dados. Já os pen-drives, pelo tamanho diminuto, são ideais para o transporte de dados e para cópia de segurança dos nossos arquivos.

Para conectar pen-drives ao computador, usamos uma conexão chamada USB (Universal Serial Bus ou Barramento Serial Universal), facilmente identificável. Essa conexão está disponível em todos os computadores da atualidade, sejam eles de mesa, sejam portáteis.

A conexão existente no computador é do tipo fêmea e a presente no pen-drive macho. Podemos encaixar o pen-drive em qualquer uma das conexões USB existentes no equipamento. Ao fazermos isso, o sistema detecta automaticamente a presença desse acessório e abre a janela Reprodução Automática (**figura 26**).

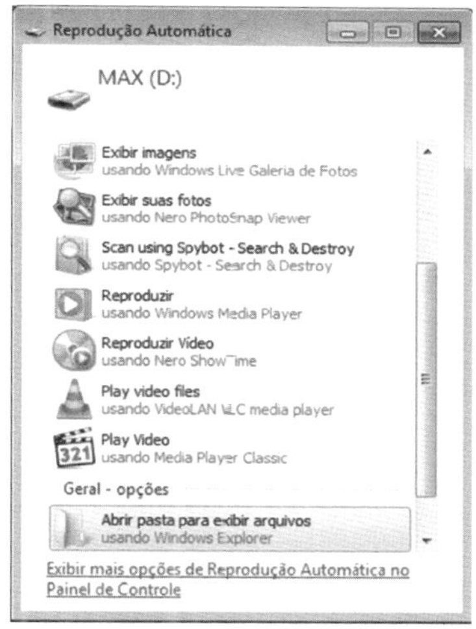

Figura 26 – **Janela Reprodução Automática**

Através dessa janela, podemos diretamente exibir fotos ou vídeos usando programas instalados se o pen-drive possuir arquivos desse tipo. Podemos também abrir o pen-drive para exibir os arquivos que ele contém escolhendo a opção Abrir pasta para exibir arquivos. Mesmo que não usemos essa janela, podemos, a qualquer momento, acessar o seu conteúdo através do Explorador de Arquivos.

No Explorador de Arquivos, o pen-drive estará acessível, juntamente com o disco rígido, através do item Computador (**figura 27**). O pen-drive é o dispositivo identificado como “MAX (D:)” e o disco rígido é “Disco Local (C:)”.

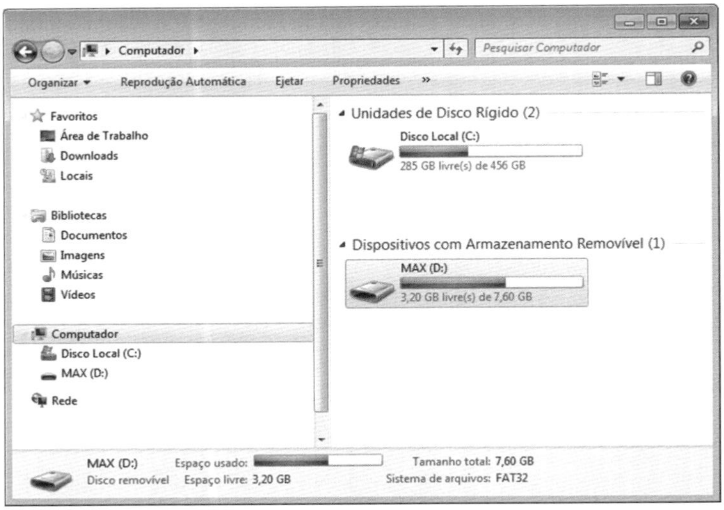

Figura 27 **– Acesso ao pen-drive no Explorador de Arquivos**

Clicando no item MAX (D:), seu conteúdo será exibido do lado direito da janela do Explorador de Arquivos.

Ao finalizar o trabalho com o pen-drive, recomenda-se que seja feito um procedimento de desconexão no Windows, antes de retirá-lo da entrada USB. Esse procedimento chama-se Remoção com Segurança e visa evitar que se desplugue o pen-drive enquanto está sendo feita alguma operação de salvamento ou leitura de um arquivo gravado nele. Se não procedermos a essa etapa, o arquivo em uso poderá corromper-se e, por consequência, os dados ficarão inacessíveis. Para promovermos a remoção com segurança, clicamos sobre o ícone mostrado na **figura 28**, disponível na barra de tarefas.

Figura 28 **– Remover com segurança**

Ao clicarmos sobre ele, será exibido um menu com a opção Ejetar Mass Storage e, logo abaixo, a identificação do pen-drive.

Para removermos com segurança o pen-drive, clicamos sobre Ejetar Mass Storage e esperamos aparecer a mensagem indicando que podemos remover o dispositivo com segurança. Depois disso, podemos retirar o pen-drive da porta USB.

TIPOS DE SOFTWARE

Já vimos que software são os programas que usamos para determinadas aplicações, porém existem algumas questões importantes sobre o modo de aquisição desses produtos. Há programas gratuitos, outros pagos, uns gratuitos somente para pessoas físicas, ou somente a versão de avaliação não tem custo de aquisição.

Para entendermos melhor como isso funciona, vamos conhecer os principais modelos de distribuição e comercialização de licenças de uso. No **quadro 3**, listamos as características de cada tipo.

Tipos	Características
Freeware	Programa que tem distribuição livre sem nenhuma restrição de algum recurso e sem cobrança obrigatória de taxas. Alguns são livres somente para pessoa física e há também aqueles em que os desenvolvedores divulgam canais para doação espontânea dos usuários.
Shareware	Programa que tem distribuição livre para teste. Geralmente possui algum recurso bloqueado para uso ou tem um limite de dias para utilização. Para desbloquear o recurso ou continuar usando após o limite de dias para teste, o usuário tem de pagar uma taxa de registro. Muitas vezes eles são divulgados com o rótulo "grátis para testar".
Open Source	Além de ser totalmente gratuito, o código fonte usado para desenvolvê-lo é distribuído de forma que outros programadores ao redor do mundo possam fazer melhorias ou acréscimos às funções existentes.
Payware	Para esse programa, compramos uma licença de uso que geralmente permite que ele seja usado em um computador. Empresas podem adquirir licenças mais abrangentes que permitem a instalação em várias máquinas. Mesmo os paywares possuem licenças especiais para estudantes e profissionais da educação, com preço reduzido ou mesmo gratuito.

Quadro 3 – **Tipos de software**

3

EDITOR DE TEXTO
(MICROSOFT WORD)

O editor de textos é um dos programas mais usados nos computadores pessoais. Isso se deve principalmente à necessidade cotidiana de escrever textos, tanto na nossa vida pessoal quanto na profissional e educacional.

Com esse aplicativo, também chamado de processador de textos, podemos produzir cartas, trabalhos escolares, artigos científicos, currículos profissionais e acadêmicos, memorandos, ofícios etc.

O programa de edição de textos que vamos aprender a usar é o Word, que faz parte da suíte de programas de escritório Microsoft Office. Para acessá-lo, vamos ao menu Iniciar, submenu Microsoft Office e clicamos sobre a opção Microsoft Word (**figura 1**).

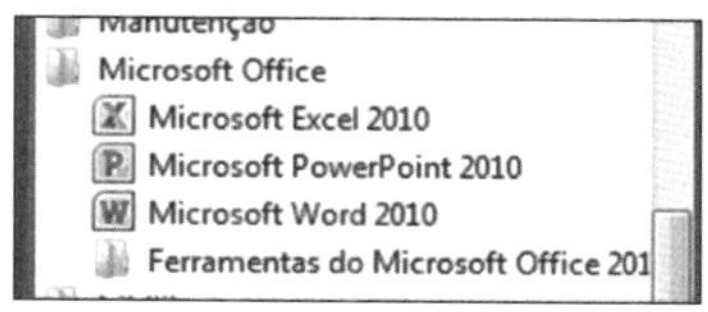

Figura 1 **– Iniciar o Word**

CRIAR O PRIMEIRO DOCUMENTO NO WORD

Ao iniciar o Word, temos acesso à sua janela principal, mostrada na **figura 2**. Na área de texto, que para nós funciona como um papel em branco, identificamos o cursor piscando no canto superior esquerdo. Por enquanto, vamos nos preocupar somente com a digitação do texto. Mais adiante, veremos como usar os outros recursos disponíveis na janela do programa.

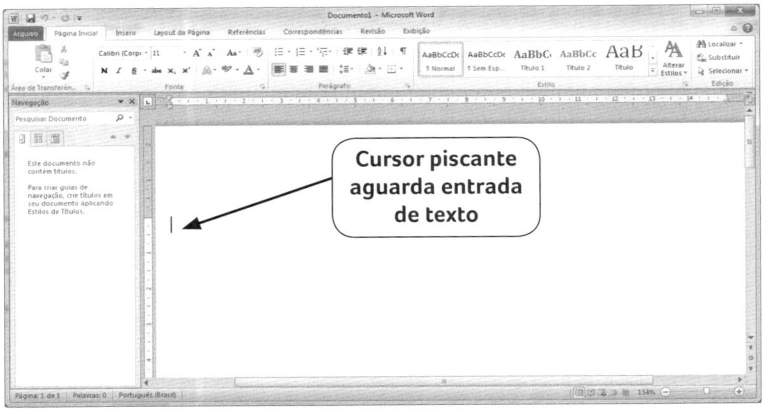

Figura 2 – **Janela principal**

Ao digitarmos um caractere, ele aparecerá no ponto onde o cursor estava. Ao mesmo tempo, o cursor se movimenta para a próxima posição à direita esperando que digitemos o caractere seguinte.

Como exemplo, vamos escrever um texto de apresentação de um currículo profissional e acadêmico. Devemos usar os textos como uma referência para escrever outro com nossos próprios dados (**figuras 3 e 4**).

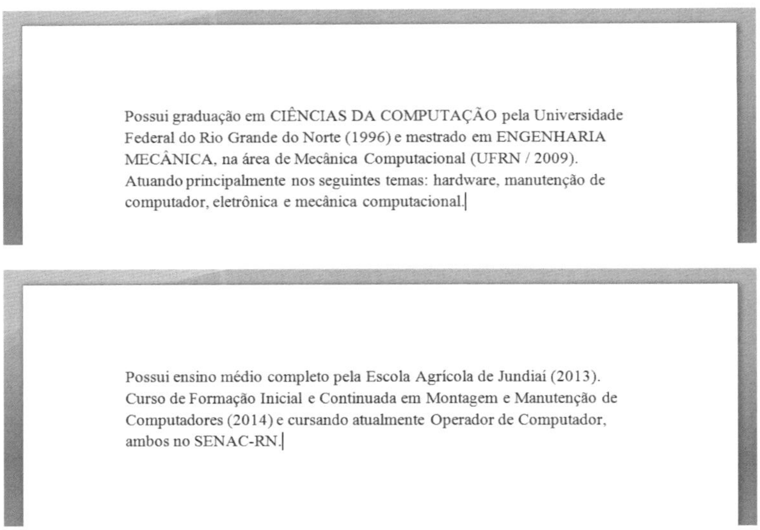

Figuras 3 e 4 – **Texto de apresentação de currículo**

Ao digitarmos o texto de apresentação, percebemos que o cursor automaticamente passa para a linha inferior quando chega à margem direita da área de texto. Isso acontece porque, quando estamos escrevendo um parágrafo, não precisamos mudar de linha, o Word faz isso automaticamente. Porém, se quisermos forçar uma mudança do cursor para a linha inferior, deveremos pressionar a tecla Enter. Por exemplo, ao final da digitação de um parágrafo, digitamos Enter para o cursor mudar de linha e começarmos a digitação do próximo texto.

Na **figura 5**, acrescentamos mais um parágrafo à apresentação para forçar a utilização da tecla Enter na mudança de linha.

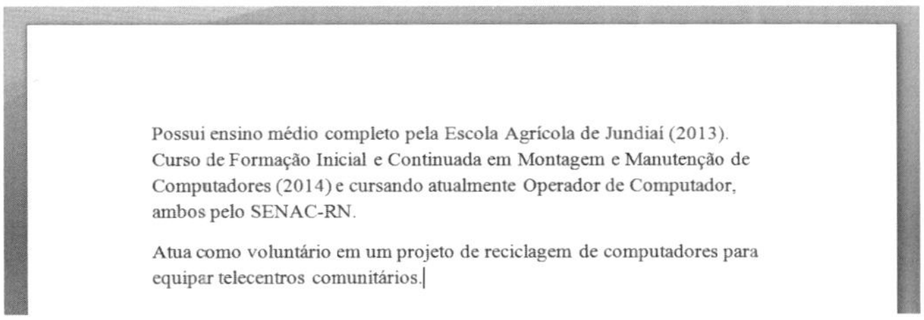

***Figura 5* – Texto de apresentação de currículo**

Apresentação da tela do Word

Na tela do Word, temos disponíveis diversas ferramentas e recursos para formatar e acrescentar elementos visuais ao nosso texto. A maioria dessas instruções está disponível através das guias de comando (anteriormente chamadas de menus e abas de comandos). Na **figura 6**, apontamos a guia Página Inicial, mas temos também Arquivo, Inserir, Layout da Página, Referências, Correspondências, Revisão e Exibição. Ao clicarmos no título da guia, acessamos os comandos disponíveis nela.

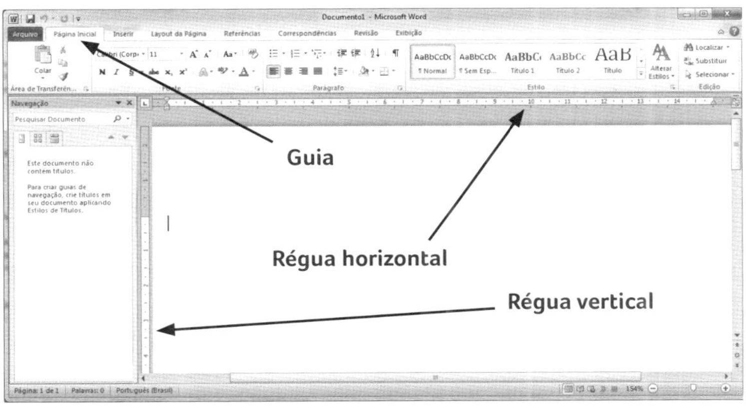

***Figura 6* – Tela principal do Word**

Outro item importante que temos na janela do Word são as réguas. Elas indicam a área útil de que dispomos para escrever nosso texto em centímetros, tanto na vertical quanto na horizontal. Dispostos na régua horizontal, temos os marcadores de recuo à direita do parágrafo, recuo deslocado do parágrafo e recuo da primeira linha do parágrafo. Já na régua vertical, localizamos os limites das margens superior e inferior.

Abrir e salvar arquivo

Vimos no capítulo 2 que devemos gravar as informações que produzimos para poder recuperá-las quando necessário. Os processos de gravar e de recuperar são chamados de salvar e abrir, respectivamente. As informações são salvas em um arquivo usando um tipo (formato) que é reconhecido pelo programa que as gerou. No Word, o tipo-padrão é o Documento do Word, com extensão .doc ou .docx, dependendo da versão do programa.

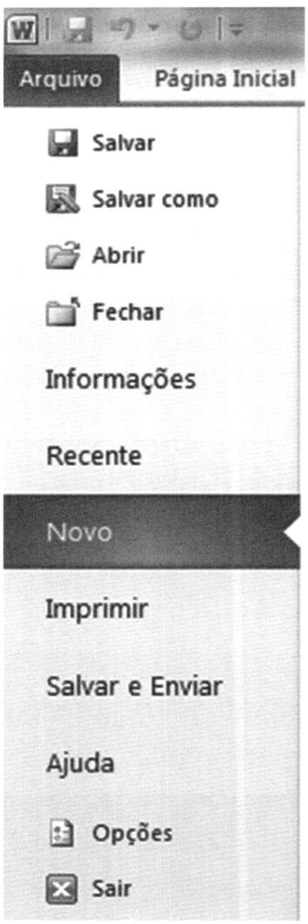

Figura 7 –
Guia Arquivo

Para salvar um texto que produzimos, usamos a guia Arquivo (**figura 7**). Ao clicarmos nela, podemos comandar as duas opções para salvar um arquivo: Salvar e Salvar Como. Na primeira vez em que estamos salvando um documento mesmo que selecionemos Salvar, entraremos em Salvar Como. Isso acontece porque ainda não definimos o nome e o local de salvamento do arquivo. Do segundo salvamento em diante, quando clicarmos em Salvar, o arquivo será gravado com o mesmo nome e local definidos anteriormente. Nesse caso, Salvar é mais rápido. Quando quisermos salvar com outro nome ou em outro local, usaremos Salvar Como.

Ao selecionarmos Salvar Como, teremos acesso à janela mostrada na **figura 8**. Basicamente, definimos duas coisas nessa janela: o nome do arquivo e o local onde ele será salvo.

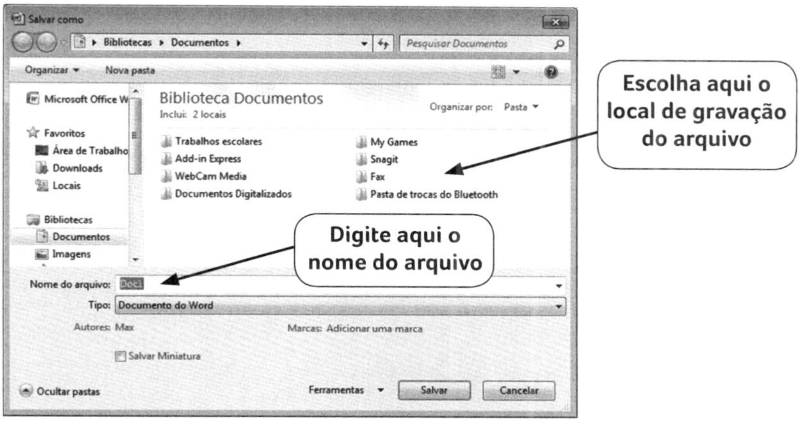

***Figura 8* – Salvar Como**

Quando a janela abre, já existe um nome de arquivo sugerido (Doc1). Em muitos casos, o Word sugere o título ou a primeira frase do texto como nome do arquivo. Nos dois casos, podemos apagar o nome sugerido e digitar outro que desejarmos.

Vamos então salvar com o nome currículo na pasta Documentos. Se encerrarmos o Word ou fecharmos esse arquivo e depois quisermos recuperá-lo, devemos usar a opção Abrir, presente também na guia Arquivo (**figura 7**). Ao clicarmos sobre essa opção, será exibida a janela mostrada na **figura 9**.

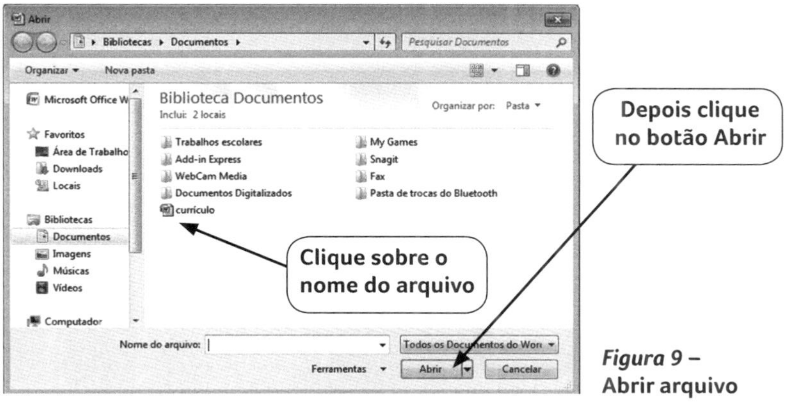

***Figura 9* – Abrir arquivo**

Feito esse procedimento, o conteúdo do arquivo é exibido na área de texto e então podemos visualizá-lo e alterá-lo.

Alinhamento de parágrafo

Ao digitarmos nossos primeiros parágrafos, notamos que as linhas de texto não ficaram com alinhamento reto no lado direito, porém no lado esquerdo estavam perfeitamente alinhadas com a margem esquerda (**figura 10**).

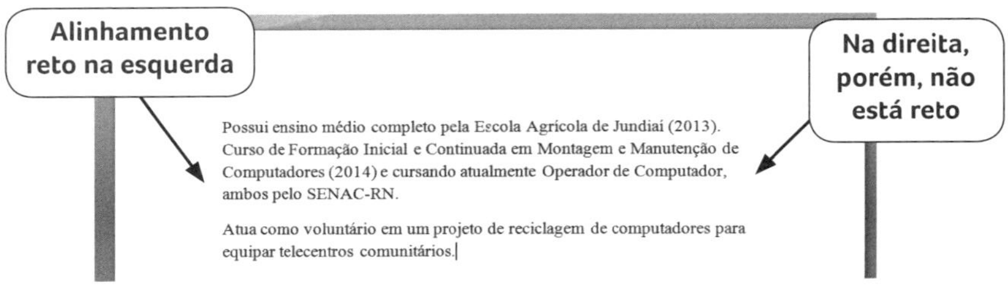

***Figura 10* – Alinhamento de parágrafo**

Isso aconteceu porque o alinhamento de parágrafo que estava atuando era o Alinhar texto à esquerda. Ao todo, temos disponíveis quatro tipos de alinhamento horizontal de texto, disponíveis na guia Página Inicial, no grupo de comandos Parágrafo (**quadro 1**).

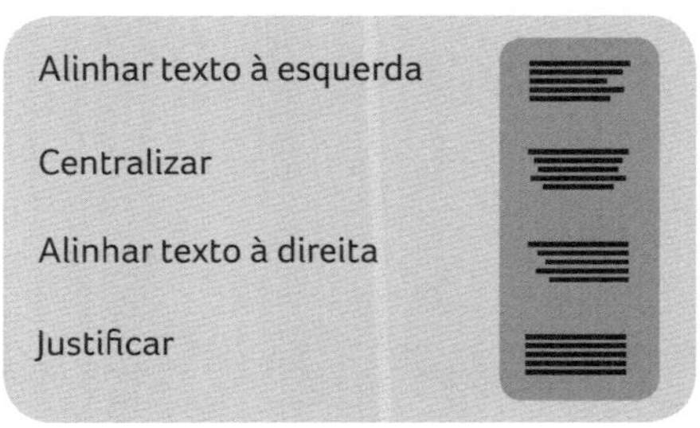

***Quadro 1* – Tipos de alinhamento horizontal**

Para mudarmos o alinhamento de um parágrafo, posicionamos o cursor em qualquer ponto dele e depois clicamos na opção de alinhamento desejada. Na **figura 11**, mostramos o texto de apresentação do currículo com um título centralizado e os dois parágrafos com alinhamento justificado.

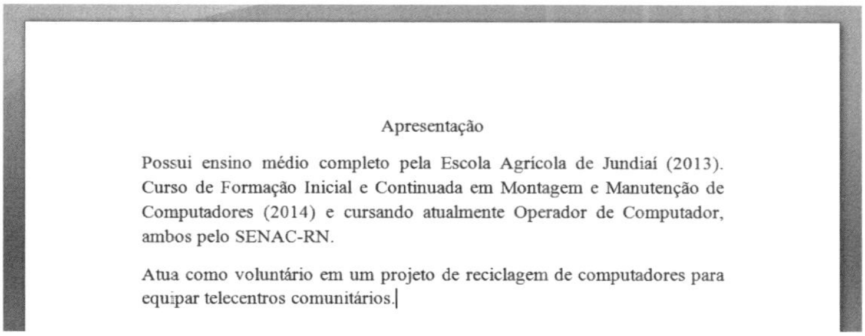

Apresentação

Possui ensino médio completo pela Escola Agrícola de Jundiaí (2013). Curso de Formação Inicial e Continuada em Montagem e Manutenção de Computadores (2014) e cursando atualmente Operador de Computador, ambos pelo SENAC-RN.

Atua como voluntário em um projeto de reciclagem de computadores para equipar telecentros comunitários.

Figura 11 **– Exemplo de alinhamento de texto**

Movimentação do cursor e seleção de texto

Quando iniciamos a escrita de um texto, percebemos que a posição do cursor é importante, pois indica onde os caracteres digitados serão inseridos. Então, para retornar, corrigir ou acrescentar texto, temos de saber movimentá-lo.

Podemos usar o teclado ou o mouse (touchpad) para posicionar o cursor. Pelo teclado temos as setas de controle do cursor, que fazem a movimentação uma linha acima, uma linha abaixo, um caractere à esquerda e um caractere à direita.

Uma forma de movimentarmos o cursor várias linhas acima ou abaixo é usarmos as teclas de controle Page Up (página acima) e Page Down (página abaixo). Ao pressionarmos Page Up, o cursor é posicionado uma página de tela acima. Para uma página de tela abaixo, pressionamos Page Down.

Já com a tecla Home, movemos o cursor para o início da linha corrente e, com a tecla End, movemos o cursor para o final.

Usando o mouse, podemos mover o cursor rapidamente para qualquer ponto visível na área de texto. Para isso, basta clicarmos sobre o local desejado. Quando o ponteiro do mouse está sobre o texto, ele assume um formato vertical. Se, no local onde queremos posicionar o cursor, ainda não há texto, basta executar um clique duplo, que ele será movido.

Se estivermos usando um touchpad (notebook), o procedimento será semelhante. Um toque leve sobre a superfície sensível dele equivale a um clique e terá o mesmo efeito do mouse. E dois toques leves rápidos equivalem ao clique duplo.

Além da movimentação do cursor, outro recurso importante na elaboração de um documento no Word é a seleção de texto. Ela nos permite escolher uma parte do texto que será atingida por uma determinada operação. Por exemplo, se queremos mudar o alinhamento de três parágrafos ao mesmo tempo, temos de selecioná-los, antes de executar o comando de alinhar.

Há diversas maneiras de selecionarmos texto, tanto com touchpad e mouse quanto com teclado. Vamos aprender as mais comuns usando os três dispositivos.

Com o teclado, usamos a tecla Shift juntamente com as teclas de movimentação do cursor para selecionar caracteres, palavras, linhas e parágrafos. Basicamente, mantemos a tecla Shift pressionada enquanto movimentamos o cursor. Na **figura 12**, posicionamos o cursor antes da letra S, de Senac-RN, pressionamos Shift e movemos o cursor com a tecla seta para a direita até ultrapassar a letra N. Pela figura, percebemos que o texto selecionado fica marcado com um fundo noutra cor.

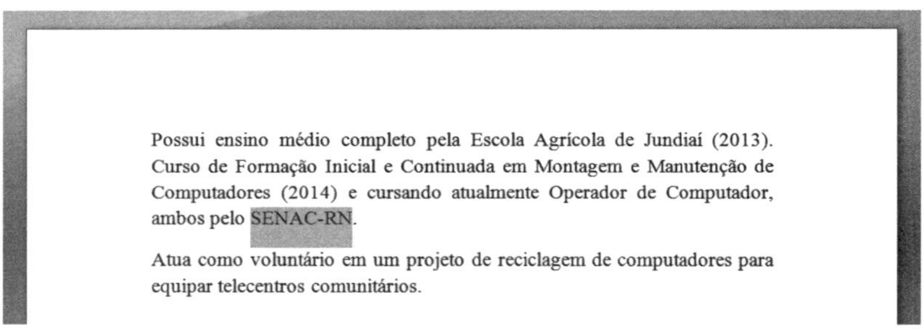

Possui ensino médio completo pela Escola Agrícola de Jundiaí (2013). Curso de Formação Inicial e Continuada em Montagem e Manutenção de Computadores (2014) e cursando atualmente Operador de Computador, ambos pelo SENAC-RN.

Atua como voluntário em um projeto de reciclagem de computadores para equipar telecentros comunitários.

***Figura 12* – Seleção de texto usando o teclado**

Com o teclado, podemos também usar combinações de teclas para selecionar texto. Por exemplo, se pressionarmos a tecla Ctrl juntamente com a tecla T, selecionamos todo o texto. No **quadro 2**, listamos algumas dessas combinações. Nelas, o sinal da adição (+) não deve ser digitado. Ele nos indica que as duas teclas devem ser pressionadas juntas para executar a ação.

Combinação de teclas	Seleção
CTRL + T	Seleciona todo o texto
CTRL+SHIFT+ →	Seleciona da posição atual do cursor até o fim da palavra corrente
CTRL+SHIFT+ ←	Seleciona da posição atual do cursor até o início da palavra corrente
CTRL+SHIFT+ ↓	Seleciona da posição atual do cursor até o fim do parágrafo corrente
CTRL+SHIFT+ ↑	Seleciona da posição atual do cursor até o início do parágrafo corrente
CTRL+SHIFT+END	Seleciona da posição atual do cursor até o fim do texto
CTRL+SHIFT+HOME	Seleciona da posição atual do cursor até o início do texto

***Quadro 2* – Combinação de teclas para selecionar texto**

Usando o mouse ou o touchpad, teremos muitos recursos de seleção similares aos do teclado. Se arrastarmos o ponteiro do mouse sobre o texto, ele será selecionado. Dessa forma, podemos selecionar desde uma palavra até vários parágrafos contínuos. Porém, se quisermos rapidamente selecionar uma palavra, basta executarmos um clique duplo sobre ela. E, se o clique for triplo, o parágrafo todo será selecionado. No **quadro 3**, listamos os movimentos do mouse ou do touchpad e a seleção resultante e indicamos que a área ao lado direito do parágrafo pode ser usada para seleção de texto.

Movimento	Seleção
Clique duplo sobre uma palavra	Seleciona a palavra
Clique triplo sobre qualquer palavra de um parágrafo	Seleciona o parágrafo
Clique com ponteiro posicionado no lado direito do parágrafo	Seleciona a linha do parágrafo que está nivelada com o ponteiro
Clique duplo com ponteiro posicionado no lado esquerdo do parágrafo	Seleciona o parágrafo
Clique triplo com ponteiro posicionado no lado esquerdo do parágrafo	Seleciona todo o texto

***Quadro 3* – Movimentos do mouse e do touchpad**

Recuos de parágrafo e margens do texto

Vimos que, entre os elementos da tela do Word, tínhamos duas réguas, uma horizontal e outra vertical. Vimos também que a régua horizontal possui marcadores dos recuos de parágrafo. Vamos aprender agora a manipular esses marcadores visando à modificação dos recuos dos parágrafos do texto.

Uma forma rápida de mudarmos a posição do recuo é arrastar o marcador usando o mouse ou o touchpad. Na **figura 13**, arrastamos o marcador de recuo à direita para o lado esquerdo da tela. Uma linha vertical pontilhada acompanha o movimento do marcador para termos uma noção de como ficará o recuo à direita do texto.

Da mesma forma, podemos mover os outros marcadores. No exemplo da **figura 14**, mudamos de posição o recuo da primeira linha e o recuo à esquerda.

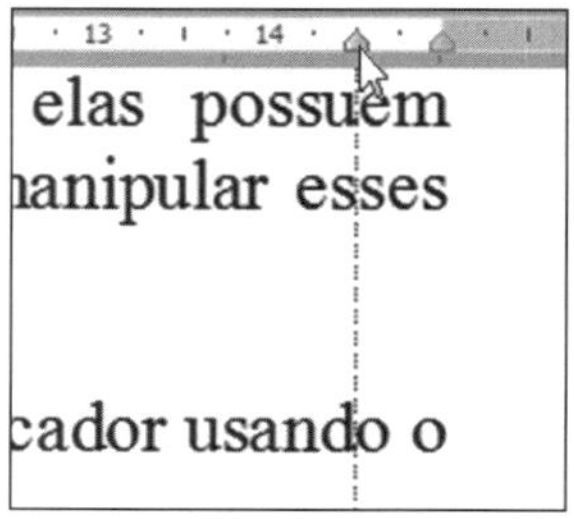

***Figura 13* – Mover o recuo à direita**

Notamos que a primeira linha do parágrafo ficou mais recuada do que a linha seguinte. E a linha seguinte está mais recuada em relação às linhas do próximo parágrafo. Isso aconteceu porque as mudanças só afetam o parágrafo corrente, ou seja, aquele no qual o cursor está posicionado. Se quisermos atingir mais parágrafos, devemos selecioná-los antes de atuar nos marcadores.

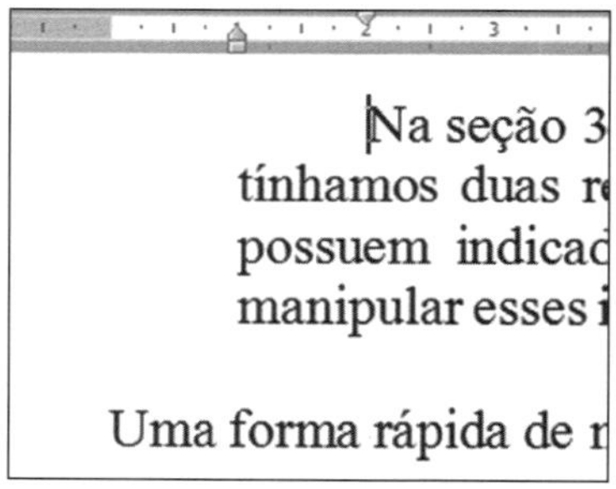

***Figura 14* – Movendo recuos**

Há um marcador logo abaixo do recuo deslocado chamado recuo à esquerda. Ao movê-lo, mudamos simultaneamente os recuos da primeira linha e o deslocado.

Outra mudança que podemos fazer através das réguas é o reposicionamento das margens do texto. Quando posicionamos o ponteiro sobre o indicador da margem, ele assume o formato de seta dupla. Nesse momento, se arrastarmos usando o mouse ou o touchpad, o limite da margem será alterado de acordo com o sentido do movimento que fizermos.

O procedimento é o mesmo com a régua vertical. Posicionamos o ponteiro, ele muda de formato e aí podemos arrastar a margem para onde desejarmos. É bom ressaltarmos que, diferentemente das configurações de recuo que afetam somente o parágrafo corrente ou os parágrafos selecionados, as configurações de margem afetam todo o texto.

Formatar fontes

Até agora, em nossos textos, sempre usamos o mesmo tipo de letra, ou melhor dizendo, a mesma fonte de letra e caractere. No Word, além de usar letras com formas diferentes, podemos também alterar o seu tamanho, realçá-las com estilos como negrito e itálico, entre outros recursos.

Encontramos esses comandos para formatar fontes na guia Página Inicial, grupo de comandos Fonte (**figura 15**). Todos os comandos que vamos usar nesta seção estão disponíveis nesse grupo.

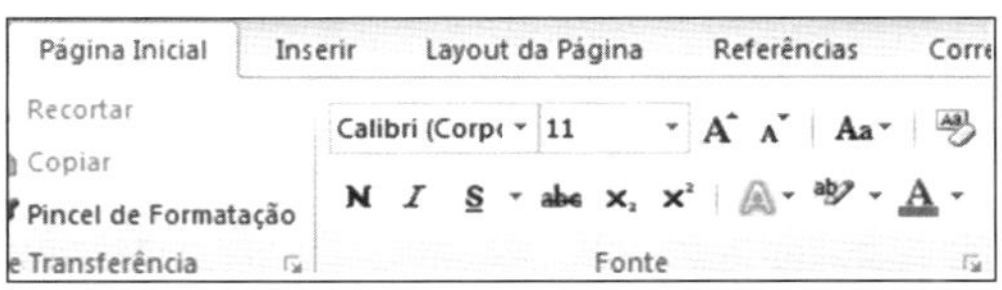

***Figura 15* – Grupo de comandos Fonte na guia Página Inicial**

Usando como exemplo nosso texto de apresentação de currículo, vamos começar aumentando o tamanho das letras do título. Primeiro, selecionamos o título do documento para indicar ao Word qual parte do texto queremos atingir (**figura 16**).

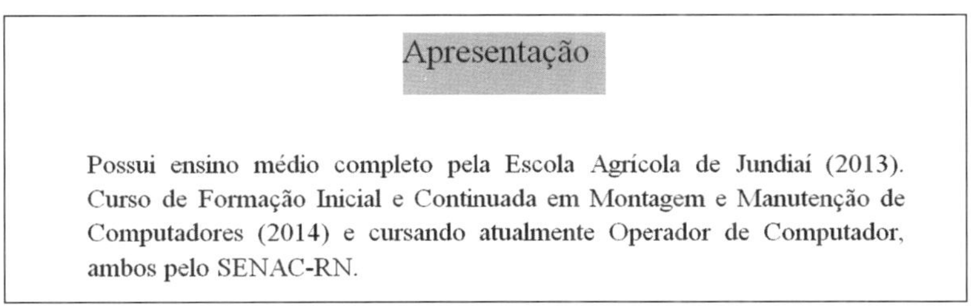
Apresentação

Possui ensino médio completo pela Escola Agrícola de Jundiaí (2013). Curso de Formação Inicial e Continuada em Montagem e Manutenção de Computadores (2014) e cursando atualmente Operador de Computador, ambos pelo SENAC-RN.

***Figura 16* – Seleção do título do texto**

Depois temos duas formas de alterar rapidamente o tamanho da fonte. Na caixa Tamanho, clicamos sobre a seta para exibir uma lista de opções de tamanho (**figura 17**). Quanto maior o número que escolhermos, maior ficará o texto selecionado.

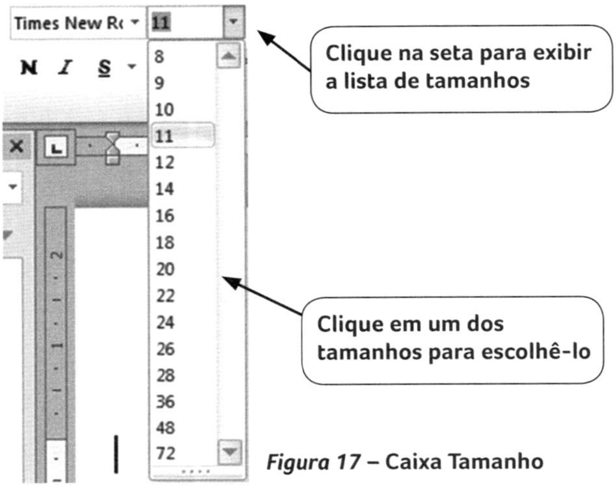

Figura 17 – **Caixa Tamanho**

A outra maneira de mudarmos o tamanho é através dos comandos Aumentar Fonte e Reduzir Fonte. A utilização dos dois é bastante intuitiva e rápida.

Além do tamanho da fonte, podemos também alterar seu tipo. Usando a caixa Fonte, escolhemos, entre dezenas de fontes instaladas, a mais adequada ao texto, ou pedaço de texto (**figura 18**). Da mesma forma que outras alterações, devemos antes selecionar a parte do texto que será atingida pela modificação.

Figura 18 – **Caixa Fonte**

Existem diversos tipos de fontes disponíveis, as mais tradicionais são Arial, Times New Roman e Courier New. O Word já vem com fontes que vão suprir a maioria das nossas necessidades de tipos de letra. Uma diferença básica entre as fontes são as com serifa e as sem serifa. A serifa é um pequeno traço nas extremidades da letra usada em fontes para textos mais longos. Já as fontes sem serifa são para textos mais curtos e de leitura menos cansativa.

Na **figura 19**, usamos a fonte Arial (sem serifa) para o título e, no restante do texto, a Courier New (com serifa). Olhando esse texto, percebemos que a fonte Courier New torna a leitura do texto mais cansativa. Já no título, percebemos leveza. Na produção de nossos textos, devemos atentar para isso, visando evitar o uso de tipos de letra inadequados ao propósito do documento.

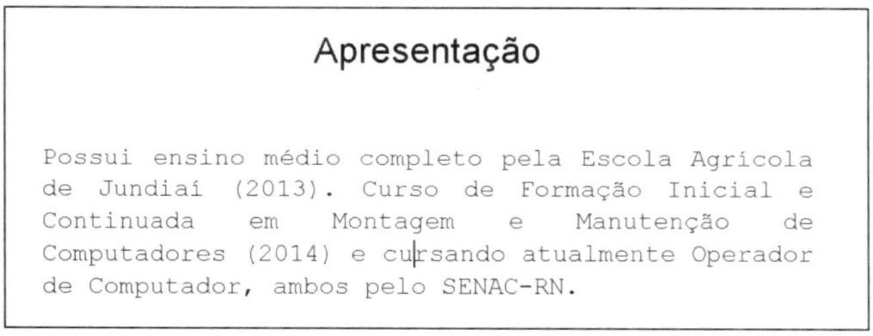

Apresentação

Possui ensino médio completo pela Escola Agrícola de Jundiaí (2013). Curso de Formação Inicial e Continuada em Montagem e Manutenção de Computadores (2014) e cursando atualmente Operador de Computador, ambos pelo SENAC-RN.

***Figura 19* – Exemplo de uso de fonte**

Escolhidos o tamanho e o tipo da fonte, também podemos acrescentar variações de estilo de como ela é apresentada. Os estilos disponíveis são o negrito (o caractere é exibido com traços mais grossos), o itálico (o caractere é exibido com uma leve inclinação à direita) e o sublinhado (um traço é subscrito às letras). Todos eles são usados para dar algum tipo de destaque a uma palavra ou parte do texto. Para usá-los, selecionamos a parte do texto que será modificada e depois clicamos sobre o comando associado. Na **figura 20**, demonstramos a aplicação dos três estilos no texto.

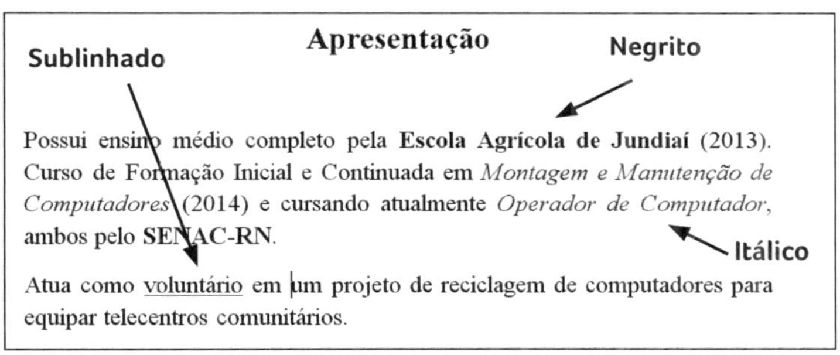

Apresentação

Possui ensino médio completo pela **Escola Agrícola de Jundiaí** (2013). Curso de Formação Inicial e Continuada em *Montagem e Manutenção de Computadores* (2014) e cursando atualmente *Operador de Computador*, ambos pelo **SENAC-RN**.

Atua como voluntário em um projeto de reciclagem de computadores para equipar telecentros comunitários.

***Figura 20* – Estilos de fonte**

Bem ao lado dos comandos de estilo, vemos os de efeito. Com eles podemos acrescentar os efeitos tachado (~~ABC~~), subscrito (na fórmula da água, H_2O, o número 2 está subscrito) e sobrescrito (na equação $x^2+x=0$, o número 2 está sobrescrito), entre outros.

Para concluirmos nossa seção de formatação de fontes, estudaremos como mudar a cor da fonte. Ainda no grupo de comandos Fonte, dispomos de uma caixa de opções chamada Cor da Fonte. Através dela, acessamos uma paleta de cores, e basta clicarmos sobre a cor desejada para que o texto selecionado seja modificado.

Formatar parágrafos

Para facilitar a leitura e realçar parágrafos, vamos aprender três comandos de formatação. O primeiro modifica como as linhas são espaçadas. Por padrão, o espaçamento entre linhas é o Simples, que corresponde ao número 1. Para mudarmos o padrão, acessamos a caixa Espaçamento entre Linhas, disponível no grupo de comandos Parágrafo, da guia Página Inicial (**figura 21**). Nessa caixa, temos valores de espaçamento graduados entre 1 e 3, sendo que o número 2 é o espaçamento duplo. Através dela, podemos também adicionar o espaço de uma linha antes ou depois do parágrafo corrente.

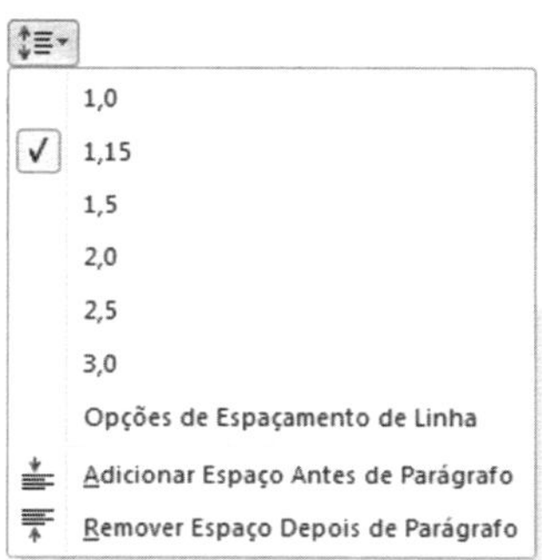

***Figura 21* – Espaçamento de linha e parágrafo**

Os dois próximos comandos servem para realçar nossos parágrafos acrescentando uma cor de fundo (sombra) e/ou bordas de contorno. Para a primeira opção, selecionamos a cor de fundo através da caixa Sombreamento, disponível no grupo de comando Parágrafo. É sempre bom frisar que, antes de executarmos o comando, devemos selecionar a parte do texto que será atingida.

E, para aplicarmos bordas ao texto, usamos a caixa Bordas, também presente no grupo Parágrafo (**figura 22**). Nessa caixa, temos a opção de colocar somente uma borda superior ao texto selecionado, bem como contorná-lo totalmente usando a opção Bordas Externas. Se quisermos retirar as bordas colocadas, podemos selecionar a opção Sem borda.

***Figura 22* – Caixa Bordas**

Como exemplo de aplicação dos dois recursos, na **figura 23** colocamos sombra e uma borda ao redor dos dois parágrafos do texto.

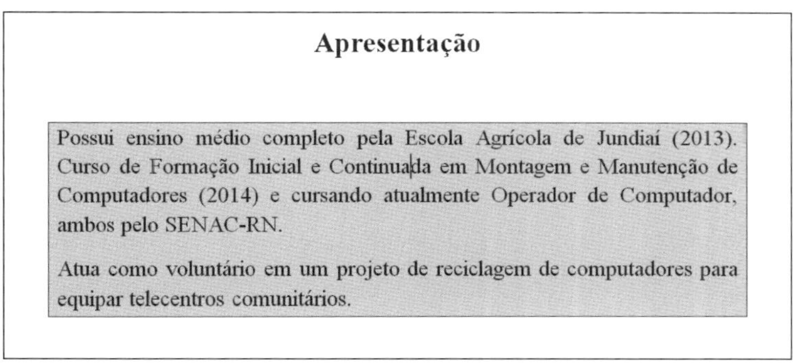

Apresentação

Possui ensino médio completo pela Escola Agrícola de Jundiaí (2013). Curso de Formação Inicial e Continuada em Montagem e Manutenção de Computadores (2014) e cursando atualmente Operador de Computador, ambos pelo SENAC-RN.

Atua como voluntário em um projeto de reciclagem de computadores para equipar telecentros comunitários.

***Figura 23* – Exemplo de borda e sombreamento**

Marcadores e numeração

Quando vamos listar itens num texto, podemos destacá-los com marcadores ou com numeração. Usando símbolos e caracteres especiais, podemos marcar os itens de uma lista. Por exemplo, uma lista de cursos concluídos em um currículo como a mostrada na **figura 24**.

Cursos de Formação Inicial e Continuada (FIC)

- Operador de Computador – SENAC (Março de 2014)
- Montagem e Manutenção de Computadores – SENAC (Junho de 2014)
- Instalador e Reparador de Redes – SENAC (Cursando)

***Figura 24* – Exemplo de lista com marcador**

Se quisermos que a lista tenha uma característica de sequência, podemos usar numeração em vez de marcadores. A mesma lista ficaria assim (**figura 25**):

Cursos de Formação Inicial e Continuada (FIC)

1. Operador de Computador – SENAC (Março de 2014)
2. Montagem e Manutenção de Computadores – SENAC (Junho de 2014)
3. Instalador e Reparador de Redes – SENAC (Cursando)

***Figura 25* – Exemplo de lista com numeração**

Para usarmos esses recursos em nossos textos, acessamos os comandos Marcadores e Numeração, presentes no grupo Parágrafo, da guia Página Inicial. Basta selecionar o texto que vai ser atingido e depois clicar no comando correspondente.

Para mudar o padrão de marcação ou numeração, devemos clicar na seta ao lado dos comandos. Na lista que será exibida, podemos escolher outro símbolo para marcação ou outro formato de numeração (**figuras 26 e 27**).

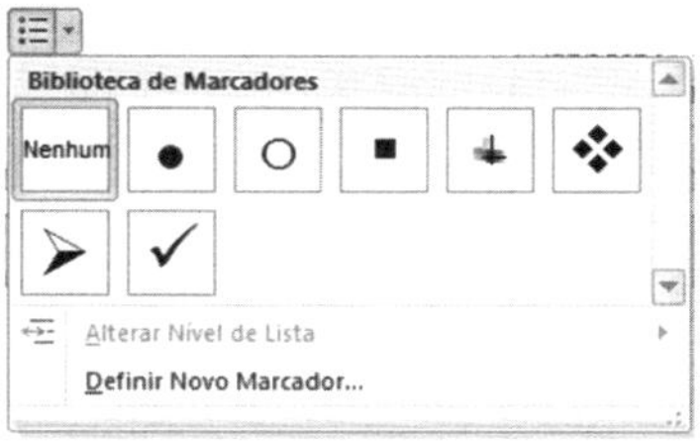

***Figura 26* – Biblioteca de Marcadores**

***Figura 27*– Biblioteca de Numeração**

Recortar, copiar, colar e formatar pincel

No capítulo 2, estudamos os comandos para mover e duplicar dados. Respectivamente, recortar e colar e copiar e colar. No Word, nós os usamos da mesma forma, através do grupo de comandos Área de Transferência da guia Página Inicial.

O procedimento é semelhante: selecionamos a parte do texto que queremos mover ou copiar e depois clicamos em Recortar ou Copiar. Levamos o cursor até onde queremos mover ou duplicar o texto e clicamos em Colar.

Outro comando que temos no Word é o Pincel de Formatação. Com ele, em vez de copiar conteúdo, copiamos a formatação de um texto para outro. Assim como nos outros comandos, selecionamos o texto que possui a formatação que desejamos copiar. Depois clicamos sobre o comando Pincel de Formatação. O ponteiro assumirá o formato de um pincel. Nesse momento, o texto que selecionarmos receberá as mesmas formatações do texto de origem. Formatações de parágrafo, tamanho, tipo, cor e estilo de fonte, entre outras, são copiadas para o texto selecionado.

Ilustrações e textos decorativos

No Word, podemos ilustrar nossos textos com fotos, desenhos, elementos gráficos e textos decorativos. Todos esses recursos estão disponíveis na guia Inserir, grupos de comando Ilustrações e Texto.

Para inserirmos uma ilustração presente em um arquivo de imagem, primeiramente posicionamos o cursor no ponto onde ela será inserida. Depois usamos o comando Imagem, do grupo Ilustrações. Ao clicarmos nele, será aberta a janela Inserir Imagem (**figura 28**). Por padrão, o Word mostra o conteúdo da pasta Imagens, localizada dentro da pasta Bibliotecas. Mas podemos inserir a imagem presente em qualquer arquivo salvo em outro dispositivo de armazenamento disponível no computador.

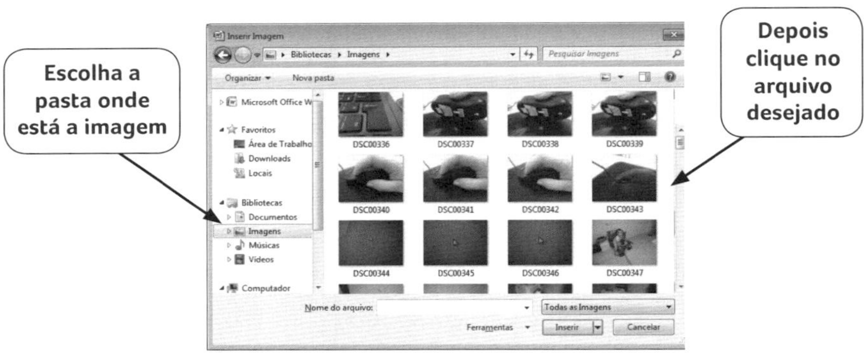

Figura 28 **– Janela Inserir Imagem**

Como exemplo do uso desse recurso, podemos inserir uma foto na apresentação do currículo. Usando câmera digital, podemos tirar uma foto, transferir o arquivo dela para a pasta Minhas imagens e depois inseri-la no texto do currículo.

Com a foto inserida, podemos formatá-la para alterar seu tamanho ou girá-la. Clicando sobre a imagem, veremos no seu contorno alças de dimensionamento e de rotação. Ao posicionarmos o ponteiro sobre qualquer das alças de dimensionamento, veremos que ele muda para o formato de uma seta dupla. Nesse momento, se arrastarmos a alça, o tamanho da imagem aumentará ou diminuirá seguindo o sentido do movimento.

Se quisermos girar a imagem, posicionamos o ponteiro sobre a alça de rotação e, quando ele mudar de formato, o arrastamos de acordo com a inclinação que queremos aplicar à imagem. Podemos fazer outras formatações usando a guia, Ferramentas de Imagem – Formatar, que só fica disponível quando clicamos sobre a imagem.

Com essa guia, podemos acrescentar estilos, bordas e efeitos à imagem, entre outros recursos. A mesma guia é usada para formatar todos os tipos de ilustrações, inclusive a próxima que veremos.

Se o objetivo for inserir desenhos com formas predefinidas podemos usar o comando Clip-art. Em Clip-art, é disponibilizada uma biblioteca de imagens instaladas junto com o Office. Ao clicarmos nesse comando, um painel de tarefas para pesquisa de figuras é aberto na janela do Word (**figura 29**).

Figura 29 **– Painel de tarefas do Clip-art**

Na caixa de texto Procurar Por: digitamos qual tipo de ilustração estamos procurando e depois clicamos no botão Ir. Na **figura 29**, digitamos a palavra "pintor" e apareceram diversas ilustrações da biblioteca do Clip-art relacionadas a esse tema. Usando a barra de rolagem lateral, podemos ver as ilustrações disponíveis, mas que não estão visíveis. Para inserirmos uma delas, basta clicarmos sobre a escolhida, que ela será inserida na posição do cursor. Assim como em todas as ilustrações no Word, se clicarmos sobre a figura Clip-art, alças de dimensionamento e de rotação ficarão disponíveis.

Outro recurso visual que podemos acrescentar aos nossos documentos são os textos decorativos. Veremos como usar as caixas de texto para acrescentar recursos visuais profissionais, mas extremamente simples de usar. A grande vantagem do uso delas é a facilidade de posicioná-las em qualquer ponto do documento. O Word nos fornece vários modelos de caixa já formatados com bordas e sombreamentos. Eles estão acessíveis no comando Caixa de Texto, disponível no grupo de comandos Texto (**figura 30**). Ao clicarmos nele, uma lista de opções pré-formatadas será exibida para nossa escolha.

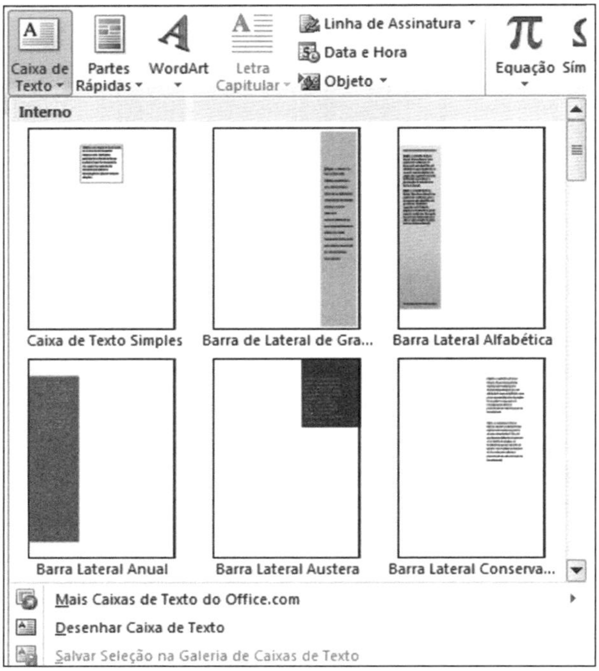

Figura 30 – **Comando Caixa de Texto**

Assim que escolhemos uma opção, ela é aplicada ao documento corrente com um texto-padrão. Então selecionamos o texto-padrão e substituímos pelo nosso. Na **figura 31**, usamos a opção Barra Lateral Austera. Na caixa de texto, fazemos a apresentação do resumo do currículo .

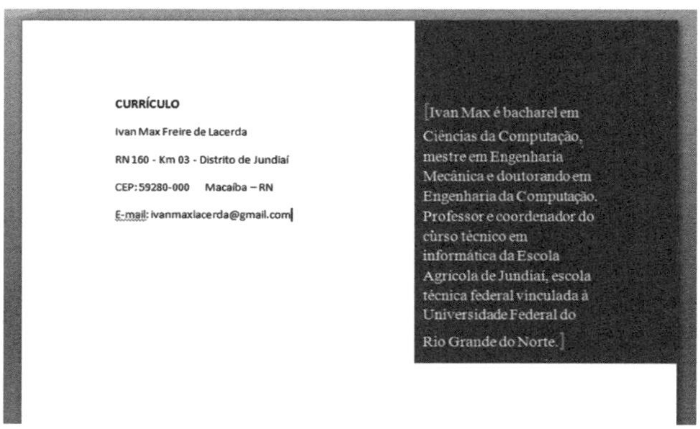

Figura 31 – **Exemplo de uso de Caixa de Texto**

As caixas de texto, assim como as imagens e clip-arts, também possuem alças de dimensionamento e rotação. Ao clicarmos nelas esses recursos ficam disponíveis. Da mesma forma ocorrerá se usarmos a guia Ferramentas de Desenho – Formatar. Com ela, podemos acrescentar estilos, efeitos, bordas e sombreamentos, entre outros recursos.

Desfazer, refazer e repetir alterações

Quando estamos digitando e formatando nosso texto, é comum cometermos alguns deslizes e erros e querermos voltar atrás. Ou seja, desfazer uma alteração que fizemos no texto. O Word possui um comando que permite que as últimas cem alterações sejam desfeitas em ordem cronológica decrescente, da última à primeira. Esse comando está disponível na Barra de Ferramentas de Acesso Rápido, localizada no canto superior esquerdo da tela do Word.

A cada clique que executamos sobre esse comando, uma ação de alteração é desfeita. À medida que desfazemos alterações, podemos refazê-las no sentido inverso. Basta usarmos o comando Refazer. Ele só fica disponível depois de usarmos pelo menos uma vez o comando Desfazer. Resumindo, só podemos refazer o que foi desfeito.

Outro comando disponível nessa barra é o Repetir. Ele fica oculto quando o Refazer está habilitado. Com ele, podemos repetir a última ação de alteração no texto. Ele é prático quando queremos duplicar uma entrada de texto várias vezes sem precisar digitá-la novamente.

Criar e manipular tabelas

O programa da suíte de aplicativos Microsoft Office mais adequado para manipulação de tabelas é o Excel. Podemos, porém, acrescentar tabelas ao nosso texto com o intuito de organizar a exposição de dados em linhas e colunas.

Para acrescentarmos uma tabela, clicamos sobre o comando Tabela, presente na guia Inserir, grupo de comandos Tabelas. Será exibido o painel Inserir Tabela com uma caixa com vários quadrados representando as células de uma tabela. Movimentando o ponteiro sobre os quadrados, montamos a dimensão da tabela que será inserida no ponto onde está localizado o cursor. Ao terminar de montar a tabela, basta clicar, que a tabela será inserida. Na **figura 32**, mostramos um exemplo da montagem de uma tabela com quatro colunas e três linhas.

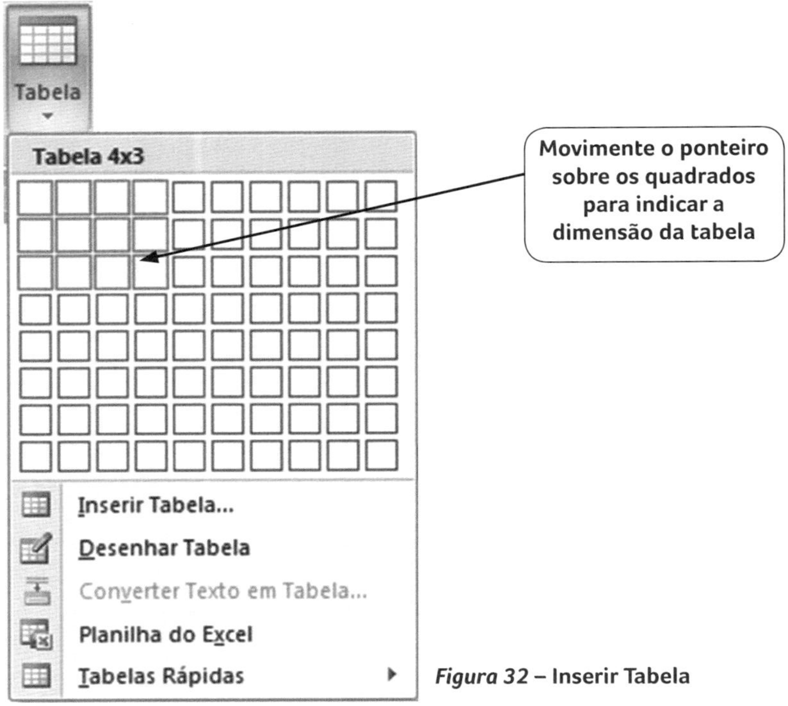

Figura 32 – **Inserir Tabela**

Na **figura 33**, temos um texto em uma tabela de quatro colunas e três linhas, usada para listar num currículo os cursos de qualificação.

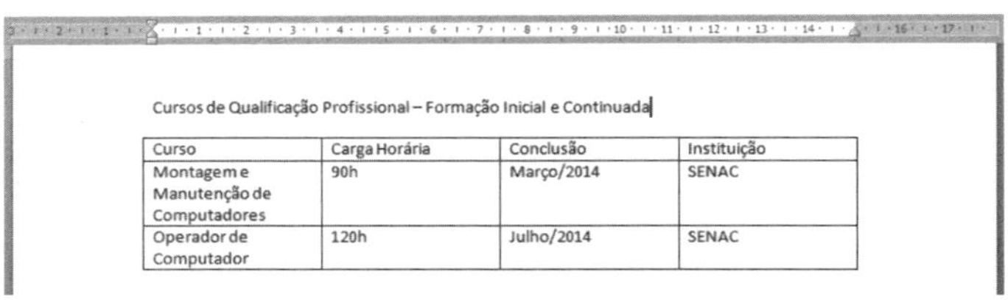

Cursos de Qualificação Profissional – Formação Inicial e Continuada

Curso	Carga Horária	Conclusão	Instituição
Montagem e Manutenção de Computadores	90h	Março/2014	SENAC
Operador de Computador	120h	Julho/2014	SENAC

Figura 33 – **Exemplo de uso de tabela**

Com a tabela inserida, podemos fazer diversas alterações nela. Por exemplo, posicionando o ponteiro na divisão entre duas colunas, podemos alterar a largura delas arrastando-o à esquerda ou à direita. Da mesma forma, se posicionarmos o ponteiro na divisão entre duas linhas, podemos alterar a altura delas.

Além disso, com o cursor posicionado na tabela, ficam disponíveis dois grupos de comandos para sua formatação: Ferramentas de Tabela – Design e Ferramentas de Tabela-Layout.

Nesses grupos, temos diversos recursos de formatação e alteração da tabela. Para exemplificar, na **figura 34** mostramos a aplicação de um Estilo de Tabela (presente no grupo de comandos Design).

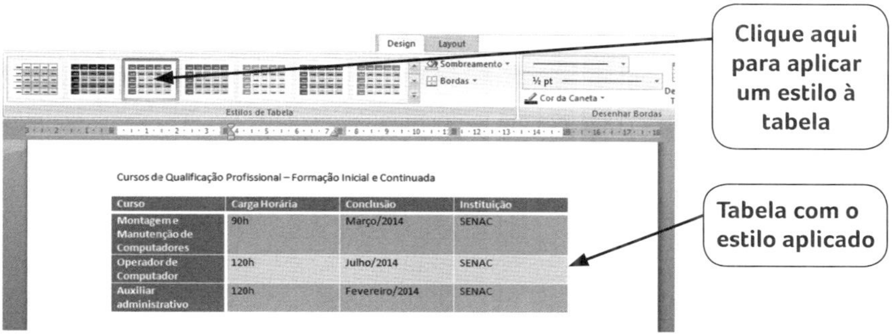

***Figura 34* – Aplicação de estilo à tabela**

Com esse exemplo, percebemos que temos recursos no Word para rapidamente melhorarmos o aspecto visual das nossas tabelas.

Configurar página

Antes de imprimir nossos textos, é importante verificar as configurações de página de acordo com o papel e a impressora que vamos usar. Além disso, podemos ajustar o texto em colunas e inserir quebras de texto, numeração de páginas, cabeçalhos e rodapés. Fazemos a maior parte dessas configurações na guia Layout da Página, grupo de comandos Configurar Página.

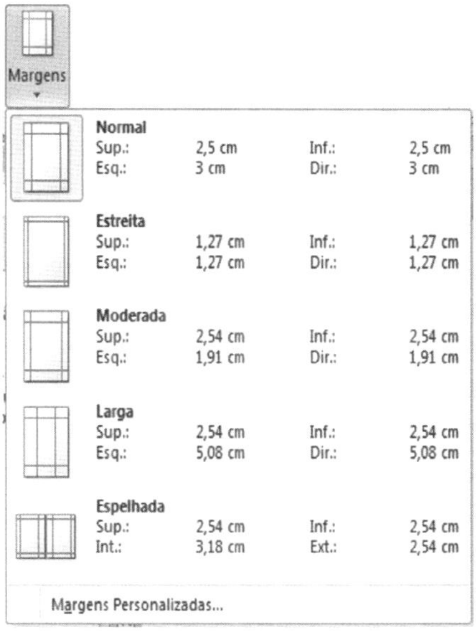

***Figura 35* – Configurar margens**

No comando Margens, escolhemos o ajuste das margens do texto em relação à folha. O Word nos fornece cinco opções preconfiguradas de margens (**figura 35**). Entre elas, a espelhada é usada quando vamos imprimir na frente e no verso das folhas. Porém, se quisermos um ajuste diferente desses, podemos escolher a opção Margens Personalizadas.

Ao clicarmos em Margens Personalizadas, a janela Configurar Página será aberta (**figura 36**). Nas caixas Superior, Inferior, Esquerda e Direita, escolhemos os valores em centímetros dessas margens. Em Medianiz, definimos a distância que vai ser deixada em um dos lados da folha prevendo as furações da encadernação. Em Posição da Medianiz, em qual dos lados da folha será fixada essa distância.

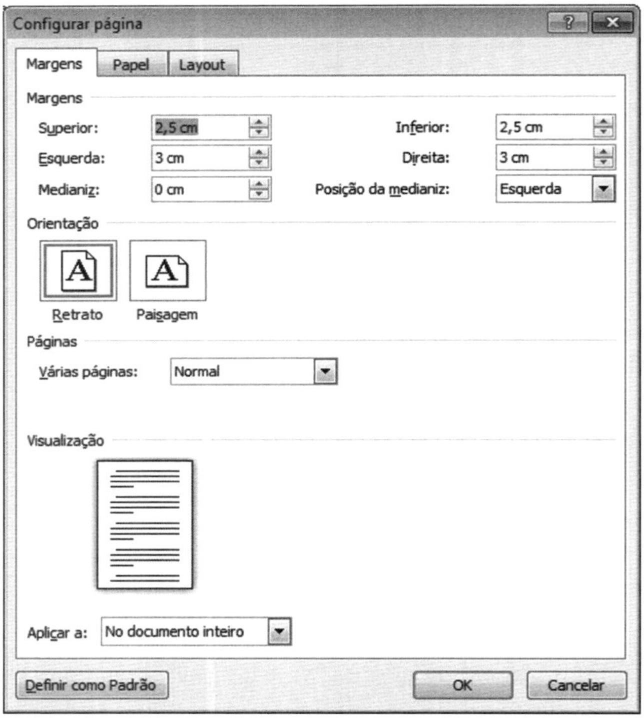

***Figura 36* – Janela Configurar Página**

No comando Orientação, ajustamos como o texto ficará disposto na página, se na forma de Retrato ou de Paisagem. Na forma Retrato, a página será impressa para ser lida com seu lado mais alto em pé e, na forma Paisagem, para ser lida com seu lado mais baixo em pé (**figura 37**).

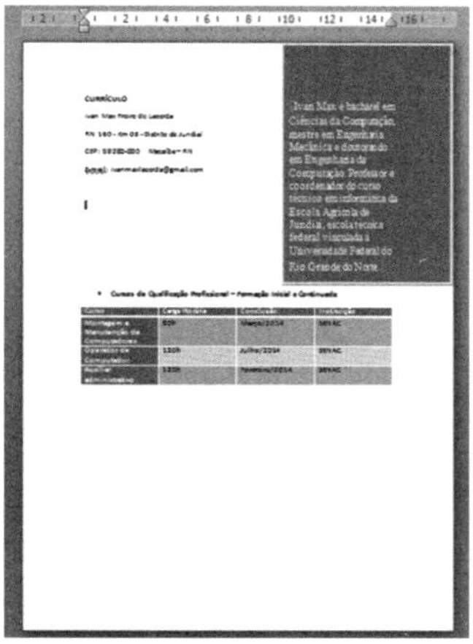

Retrato

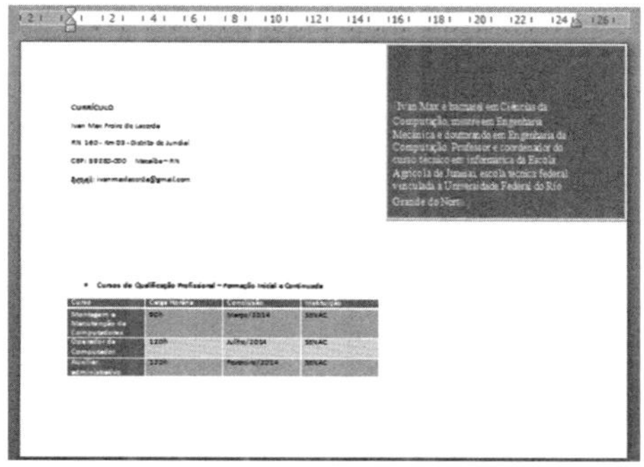

Paisagem

Figura 37 **– Orientação – Retrato e Paisagem**

Para escolhermos qual orientação queremos para o nosso texto, acessamos o comando Orientação, presente na guia Layout da Página, grupo de comandos Configurar Página.

Outra configuração muito importante para impressão do texto é a definição do tamanho do papel. Principalmente em impressoras do tipo Laser, se o tamanho ajustado no Word não corresponder ao papel presente na bandeja da impressora, a impressão não ocorrerá ou acontecerá com falhas. Para fazer esse ajuste, devemos olhar na embalagem da resma e verificar qual o tamanho informado. Geralmente usamos papel tamanho A4, mas podemos encontrar também os tamanhos Carta e Ofício. Para escolher o tamanho do papel antes de imprimir um documento, usamos o comando Tamanho, disponível na guia Layout da Página. Ao clicar nele, uma lista com tamanhos padronizados será mostrada (**figura 38**).

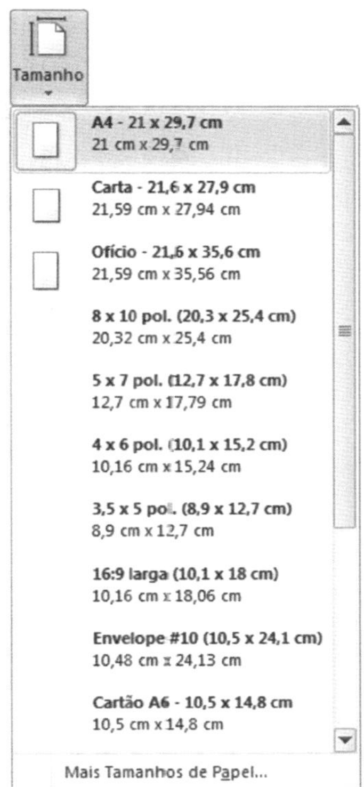

Figura 38 **– Comando Tamanho (do papel)**

Figura 39 – **Comando Colunas**

O padrão no Word é o documento que digitamos ser disposto em uma coluna de texto, contudo temos a opção de trabalhar com múltiplas colunas. Através do comando Colunas, disponível na guia Layout da Página, escolhemos quantas colunas terá o texto selecionado (**figura 39**).

Para encerrarmos nossa configuração de página para impressão, temos três comandos disponíveis na guia Inserir, grupo de comandos Cabeçalho e Rodapé: Cabeçalho, Rodapé e Número de Página.

O cabeçalho é um texto que fica acima da margem superior da folha e irá se repetir igualmente em todas as páginas do documento, ou quase todas. Ou seja, quando queremos que um texto apareça em todas as páginas, o digitamos na área do cabeçalho. Ao clicarmos no comando Cabeçalho, são mostradas várias opções de formatação e disposição do texto (**figura 40**). Ao escolhermos uma delas, o cursor já é posicionado no cabeçalho para digitarmos o conteúdo dele.

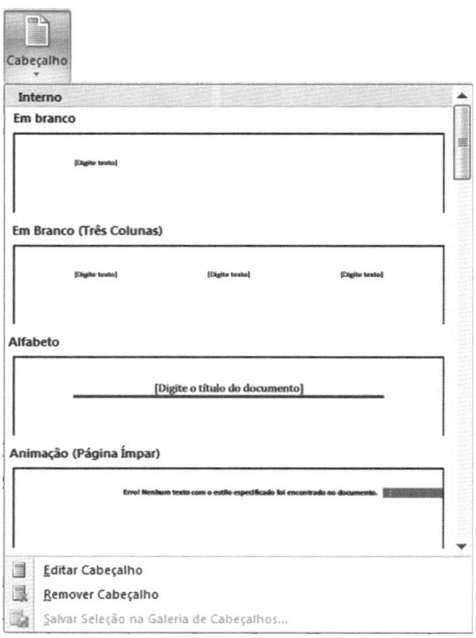

Figura 40 – **Inserir cabeçalho**

Na **figura 41**, inserimos um cabeçalho baseado na opção Em Branco (Três Colunas). Além disso, enquanto estivermos com o cursor posicionado no cabeçalho a guia Ferramentas de Cabeçalho e Rodapé – Design estará disponível para formatação e acréscimo de dados.

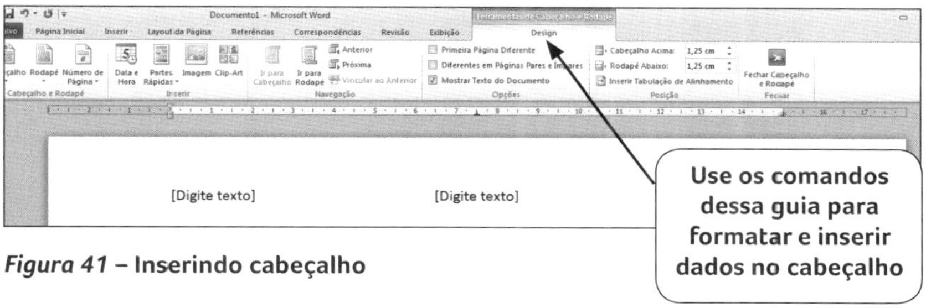

***Figura 41* – Inserindo cabeçalho**

Após a inserção do cabeçalho, inserimos os dados desejados, tais como a data do documento ou, ainda, imagens, Clip-art e número da página.

Já o rodapé é um texto localizado abaixo da margem inferior que também vai se repetir nas páginas do documento. O comando para inseri-lo fica localizado ao lado do comando Cabeçalho. Ao clicarmos no comando Rodapé, acessamos uma lista de opções semelhante à mostrada no comando Cabeçalho.

Na opção Em branco, podemos entrar, na caixa [Digite texto], com o texto que queremos que seja repetido nas outras páginas. Se quisermos inserir o número da página no cabeçalho ou rodapé, ou mesmo nas margens da folha, usamos o comando Número de Página, presente também nos comandos Cabeçalho e Rodapé.

Esse comando é muito importante para textos longos que precisam de indicação do número da página. Basta fazermos a inserção em uma das páginas do texto, que ele será inserido em todas as páginas, com o número atualizado para a página corrente. Dessa forma, se estivermos na página 2 e inserirmos o número de página no rodapé, essa página receberá o número 2, a anterior o número 1, a próxima o número 3, a seguinte o número 4 e assim sucessivamente.

As opções de inserção do número da página são início da página (cabeçalho), fim da página (rodapé), margens da página ou na posição atual do cursor.

Impressão

A impressão de documentos está disponível no comando Imprimir (**figura 42**). Através dele podemos ajustar algumas configurações de impressão, tais como quantidade de cópias do documento que serão impressas, qual impressora será usada (se houver mais de uma instalada), quais páginas serão impressas, entre outros ajustes. Se formos imprimir todas as páginas do documento usando as configurações-padrão, então simplesmente clicamos sobre o botão Imprimir para iniciar a impressão do texto.

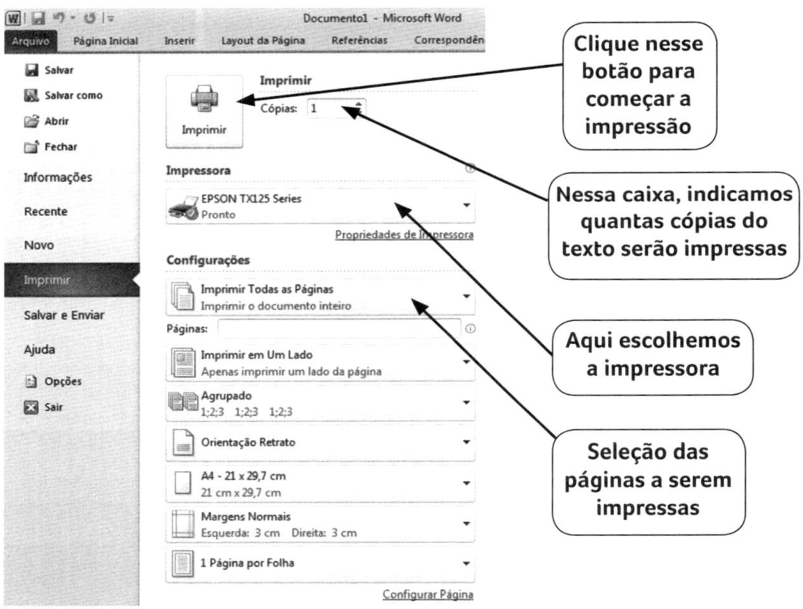

Figura 42 **– Comando Imprimir**

Na caixa de seleção mostrada na **figura 43**, escolhemos quais páginas do documento serão impressas. A opção-padrão é Imprimir Todas as Páginas, mas podemos também imprimir utilizando as opções Imprimir Seleção, em que só as páginas selecionadas serão impressas, Imprimir Página Atual, onde o cursor está localizado, Imprimir Somente Páginas Ímpares e Imprimir Somente Páginas Pares.

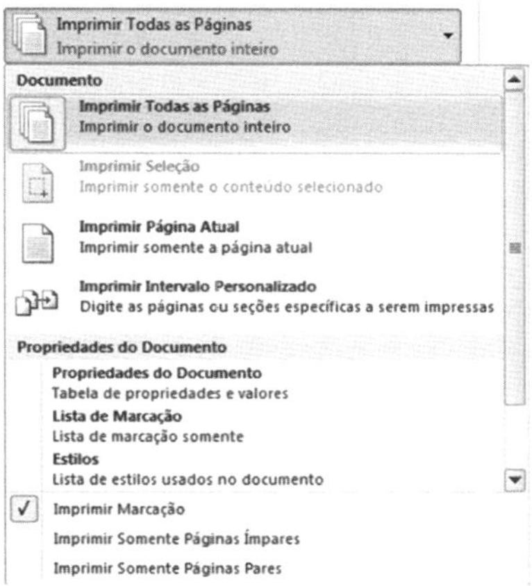

Figura 43 **– Seleção das páginas a serem impressas**

Além disso, podemos indicar um intervalo personalizado de páginas a serem impressas usando a caixa Páginas. Nela, usamos os sinais hífen (-) e vírgula (,) para indicar o intervalo desejado. Usamos o hífen para indicar uma página inicial e uma final de um intervalo a ser impresso. Dessa forma, a indicação 4-8 significa que queremos imprimir da página 4 até a 8. No **quadro 4**, listamos alguns exemplos de intervalos de páginas usando esses sinais.

Intervalo	Significado
1, 3, 8	Imprime somente as páginas 1, 3 e 8
2-5	Imprime as páginas 2, 3, 4 e 5
1, 3, 5-7	Imprime somente as páginas 1, 3, 5, 6 e 7

Quadro 4 **– Exemplos de intervalos de páginas**

Algumas impressoras possuem a capacidade de imprimir nos dois lados do papel de forma automática. Porém, para esse recurso ser utilizado, precisamos indicar ao Word que queremos isso. Por padrão, mesmo que a impressora tenha esse recurso, a impressão só acontecerá em um lado. Para mudarmos essa configuração, devemos escolher a opção Imprimir nos Dois Lados.

E mesmo que nossa impressora não tenha o recurso de imprimir nos dois lados de forma automática, podemos fazer isso de forma manual. Ou seja, um lado é impresso e a impressora entra em pausa esperando que o papel seja recolocado na bandeja de alimentação. Depois disso, a próxima página é impressa no lado inverso. Outro procedimento importante é certificar-se de que o papel foi recolocado na bandeja na posição correta. Fazemos isso para evitar que as duas páginas sejam impressas no mesmo lado do papel.

A próxima configuração vale para imprimir cópias de um documento com várias páginas (**figura 44**). Pelo padrão, as páginas vão sair agrupadas, ou seja, imprimem-se todas as páginas do documento segundo a ordem delas, depois outra cópia de todas as páginas é impressa. Se escolhermos a opção Desagrupado, então primeiramente todas as páginas 1 das cópias serão impressas, depois todas as páginas 2, e assim sucessivamente.

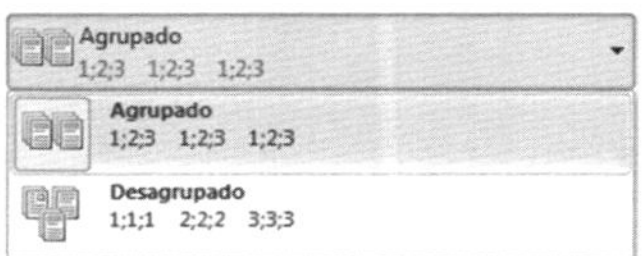

Figura 44 **– Agrupar ou desagrupar páginas**

Orientação, Tamanho do Papel e Margens também podem ser modificadas no momento da impressão. Em algumas situações de impressão, queremos imprimir várias páginas por folha. Essa opção é feita, geralmente, para não usar muito papel numa impressão que precisa ser conferida antes de a versão final ser impressa. Usando a caixa mostrada na **figura 45**, podemos imprimir de duas até 16 páginas por folha.

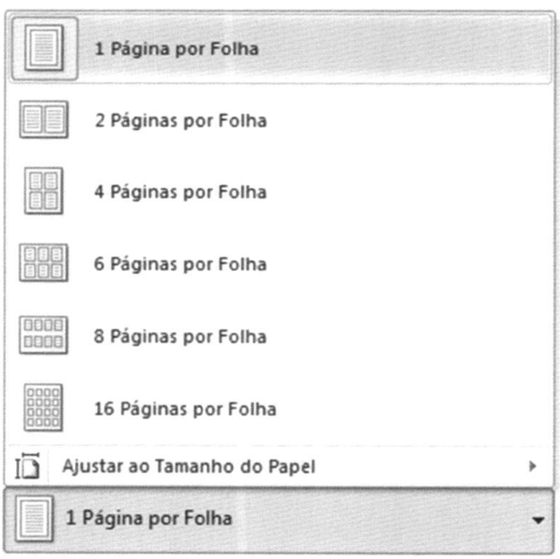

Figura 45 **– Páginas por folha**

Antes de imprimir, podemos ver como o texto ficará no papel, através de uma visualização da impressão mostrada assim que acessamos o comando Imprimir (**figura 46**).

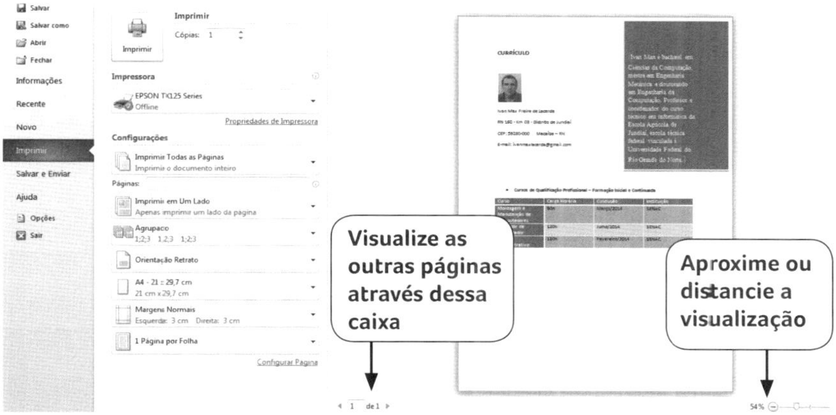

Figura 46 **– Visualização da impressão**

Sumário

Ao produzirmos textos escolares ou acadêmicos, sempre nos deparamos com a tarefa de produzir o sumário. O sumário é uma relação dos principais títulos do texto indicando a sua posição (página). Os títulos são ordenados nele na mesma ordem em que aparecem no texto.

No Word, temos recursos para produzir um sumário de forma automática após digitarmos o texto. Os comandos para isso estão disponíveis na guia Referências, grupo de comandos Sumário.

O primeiro passo é adicionarmos os textos de título que queremos que componham o sumário indicando o seu nível. Temos três níveis de títulos: nível 1 para os títulos, nível 2 para os subtítulos e nível 3 para os subtítulos destes. O processo é simples, selecionamos um título no texto, depois clicamos no comando Adicionar Texto e escolhemos o nível do título. Na **figura 47**, selecionamos o título "1. Introdução" e o adicionamos como nível 1 do futuro sumário.

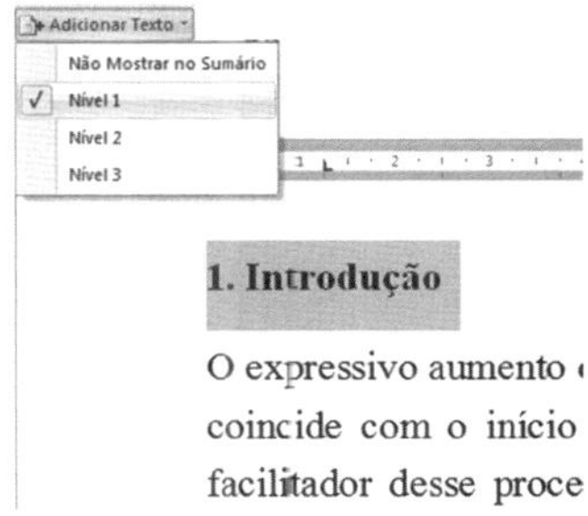

Figura 47 **– Comando Adicionar Texto**

Depois que adicionamos todos os títulos e subtítulos, podemos criar o sumário. Posicionamos o cursor no local do texto onde queremos que o sumário seja inserido. Depois, clicamos sobre o comando Sumário e uma caixa com uma lista de opções é mostrada. Escolhemos uma delas e um sumário é criado.

Na **figura 48**, vemos um sumário criado usando a opção Sumário Automático 1.

Conteúdo

Resumo 1
1. Introdução 1
2. Objetos de Aprendizagem Digitais 2
3. Repositório de Objetos de Aprendizagem (ROA) 3
4. Modelos de Objetos de Aprendizagem 3
A. SCORM 4
5. Conclusões 5
6. Referências 5

***Figura 48* – Sumário**

Modelos de documento

Até agora, nossos textos foram criados a partir de um documento em branco, contudo o Word fornece vários modelos que podemos usar como base para criação de um novo conteúdo. Temos modelos para currículos, cartões de visita, folhetos, boletins etc. Para escolhermos um modelo, acessamos o comando Novo, disponível na guia Arquivo (**figura 49**).

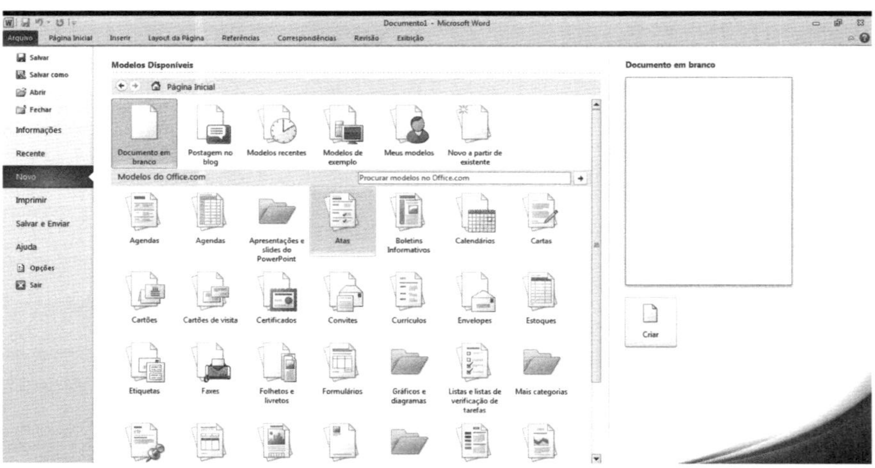

***Figura 49* – Comando Novo**

Por padrão, o comando Novo vai criar um Documento em branco, mas podemos escolher entre os diversos modelos existentes, de acordo com o texto que queremos produzir. A maior parte dos modelos está disponível no site Office.com, mantido pela Microsoft. Ao escolher um modelo que não está armazenado no computador, ele será automaticamente copiado através da internet. Podemos também acessar diretamente o site e escolher os modelos que queremos copiar (baixar) para o nosso computador. Na **figura 50**, acessamos o site store.office.live.com/templates, no qual podemos baixar gratuitamente modelos de documentos para o Word e outros programas do pacote Office.

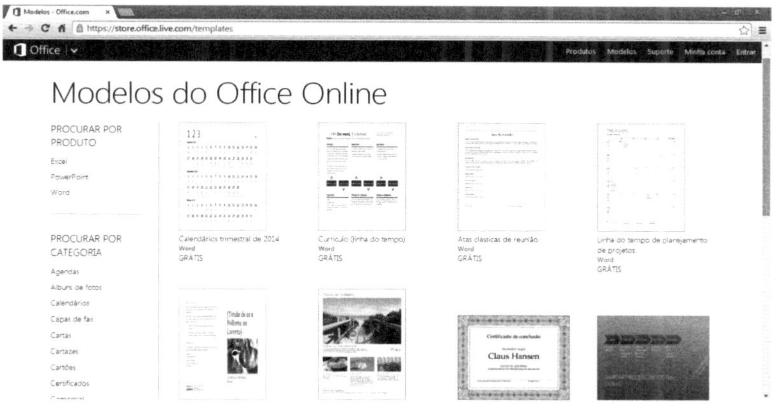

***Figura 50* – Site com modelos de documentos Word**

EDITOR DE TEXTOS DO LIBREOFFICE: WRITER

Aprendemos até agora a usar o editor de textos Word, que faz parte da suíte de programas de escritório Microsoft Office. Contudo, existem outras opções de suítes de aplicativos com a mesma finalidade. O LibreOffice é uma dessas opções, caracterizando-se por ser um pacote de softwares livres e abertos. O download do pacote na versão em português pode ser feita no site: https://pt-br.libreoffice.org.

Assim como o Microsoft Office, o LibreOffice possui programas de edição de textos (Writer), Planilha Eletrônica (Calc), Editor de Apresentações (Impress), entre outros. Para comparar suas funcionalidades com as do Word, vamos conhecer alguns recursos do Writer.

Para executarmos o Writer, acessamos o menu LibreOffice, no menu Iniciar, e clicamos sobre a opção LibreOffice Writer.

Apresentação da janela do Writer

A janela principal do Writer muito se assemelha ao layout da janela do Word na sua versão 2003 (**figura 51**).

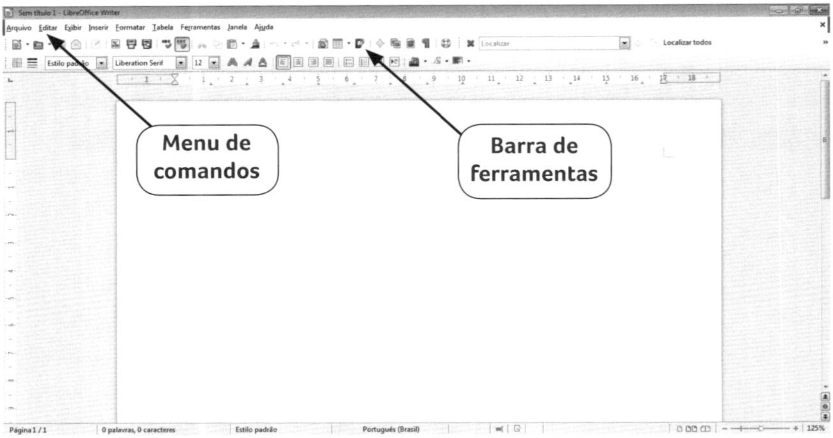

Figura 51 **– Janela principal do Writer**

Em vez de guias para termos acesso aos comandos, o Writer possui menus e barras de ferramentas. Por exemplo, ao clicarmos no menu Arquivo temos acesso aos comandos Abrir, Salvar, Novo, Imprimir, entre outros. Esses comandos também estão disponíveis na barra de ferramentas Padrão.

Basicamente, através dos menus, acessamos todos os comandos disponíveis no programa e, nas barras de ferramentas, os usados mais frequentemente. Em princípio, o Writer disponibiliza três barras de ferramentas: Padrão, Formatação e Pesquisar.

Na barra Padrão, além dos comandos de manipulação de arquivos, temos os comandos Recortar, Copiar, Colar, Formatação Pincel, Desfazer e Refazer, que funcionam da mesma forma que vimos no Word.

Em Formatação, os comandos principais para formatar fonte e parágrafo estão acessíveis. Também nessa barra estão localizados alguns comandos para formatar parágrafo. Todos funcionam do mesmo jeito que no Word. A área de texto e as réguas funcionam da mesma forma que já nos acostumamos a usar no Word. Assim como os recursos para movimentação do cursor e seleção de texto.

Compatibilidade de formatos de arquivos

O formato-padrão de arquivo de texto no LibreOffice é o ODT (Open Document Text). Se salvarmos um arquivo no Writer usando esse formato, podemos até abri-lo no Word, mas nem todos os recursos serão suportados. Isso pode ocasionar perda de formatação ou o arquivo pode ser mostrado com formatação diferente daquela em que ele foi criado. Se quisermos garantir que um arquivo criado no Writer seja aberto sem problemas no Word, devemos salvá-lo no formato .docx.

Para fazermos isso, escolhemos o tipo de arquivo .docx na janela Salvar como do Writer. Na **figura 52**, vemos que o tipo-padrão é o ODT, mas na lista exibida podemos escolher outros formatos. Para permitir o intercâmbio de arquivos entre Writer e Word, podemos salvá-los escolhendo o tipo XML do Microsoft Word 2007/2010/2013 (.docx).

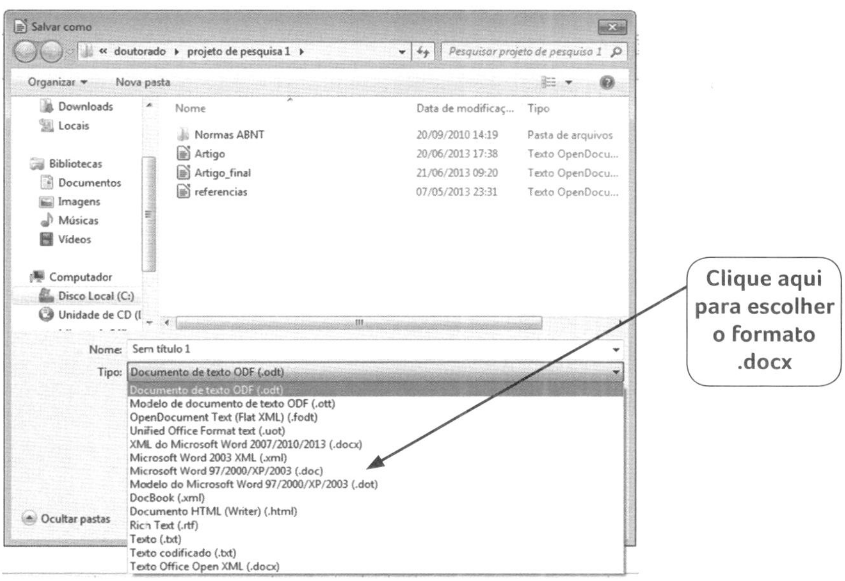

Figura 52 – **Salvar arquivo no formato .docx**

4

EDITOR DE PLANILHAS

É comum, quando falamos sobre planilhas eletrônicas, que as pessoas não estabeleçam uma relação direta com algo que fazemos costumeiramente. No nosso dia a dia, porém, utilizamos vários exemplos de planilhas. É o caso de uma simples lista de compras ou até mesmo de um cupom fiscal de supermercado. Em geral, as planilhas estão em nosso cotidiano na forma de orçamentos, agendas, boletins escolares, relações de estoques de produtos, folhas de ponto, cupons fiscais, extratos bancários, extratos de contas, entre outros. As possibilidades são muitas. Resumindo, todos os dados dispostos em forma de tabela, tenham cálculos ou não, podem ser transformados em planilhas eletrônicas.

EXECUTAR O EXCEL

O programa utilizado para criar planilhas é o Microsoft Excel, que está disponível no menu Iniciar do Windows e no submenu Microsoft Office (**figura 1**).

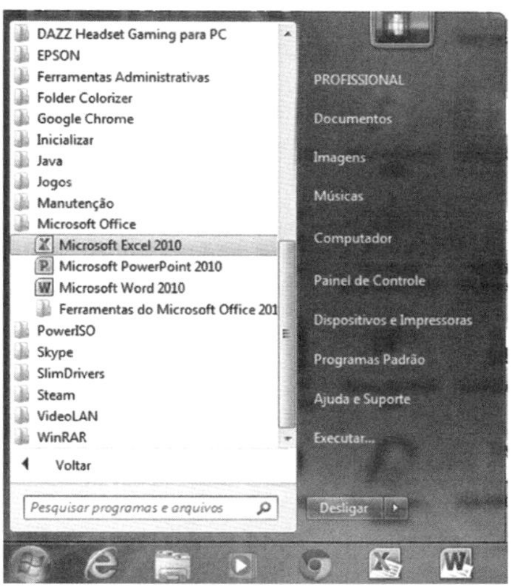

Figura 1 **– Acesso ao Microsoft Excel**

Na janela do Microsoft Excel, encontramos guias através das quais temos acesso aos comandos. Oito guias estão disponíveis, são elas: Arquivo, Página Inicial, Inserir, Layout da Página, Fórmulas, Dados, Revisão e Exibição. Em cada uma delas, os comandos estão organizados em faixas de opções e grupos de comandos (**figura 2**).

Ao posicionar o cursor em cima dos comandos que estão localizados nas faixas de opções, o Excel apresentará o nome do comando e um resumo das propriedades e funções de forma interativa.

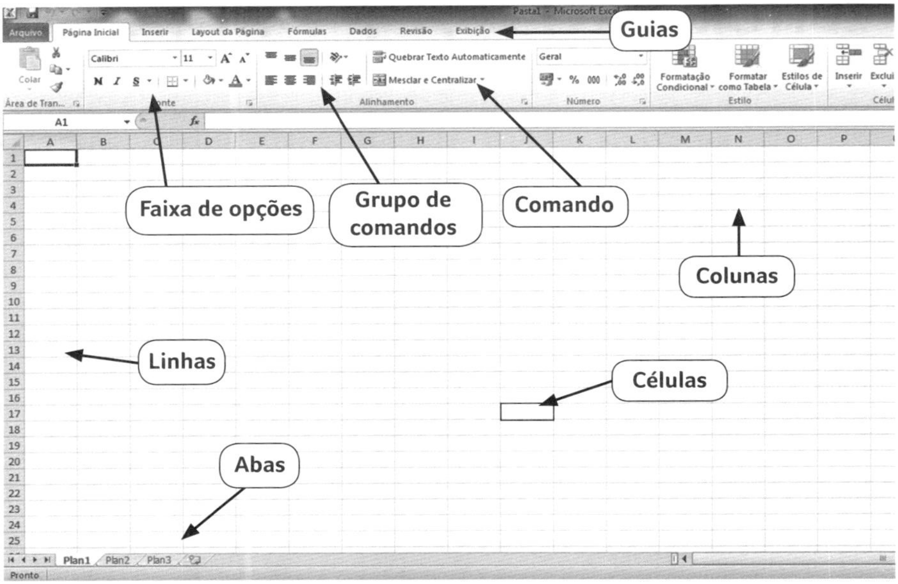

***Figura 2* – Janela do Excel e indicação de guias, células, comandos, opções, linhas, abas e colunas**

Inicialmente o Excel nos fornece três planilhas em branco para trabalharmos. Elas podem ser acessadas através de abas presentes na parte inferior da tela e são nomeadas como Plan1, Plan2 e Plan3.

Células, linhas e colunas

A célula é o elemento principal da planilha. Ela é formada pelo encontro entre a linha (números) e a coluna (letras). Sua identificação é feita, portanto, pela junção de uma letra e um número. Por exemplo, célula B3 quer dizer que a célula é formada pela coluna B com a linha 3. Ao selecionarmos uma célula, sua referência aparece na caixa de nome da barra de fórmulas da janela do Excel (**figura 3**).

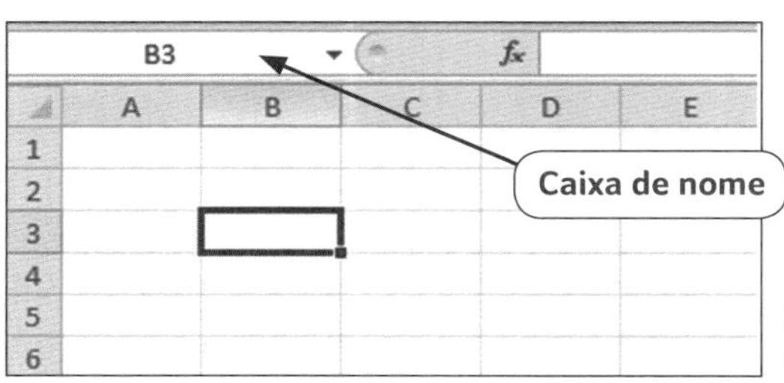

***Figura 3* – Seleção da célula B3**

É importante frisar essa forma de referenciar as células, pois muitas vezes precisamos informar ao Excel ou a alguém onde elas estão localizadas ou em qual célula devem ser inseridos dados específicos em uma planilha. Além disso, é através da localização que o Excel executa melhor as ferramentas de fórmulas, funções e gráficos.

Para nos movimentarmos nas células de uma planilha, podemos usar o mouse, clicando sobre a célula desejada, ou através do teclado. Nele, a tecla Enter move a seleção no sentido para baixo e é muito utilizada ao término de uma digitação ou fórmula; a tecla Tab movimenta a seleção na horizontal à direita; e as setas movimentam a seleção para as quatro direções da célula (**figura 4**).

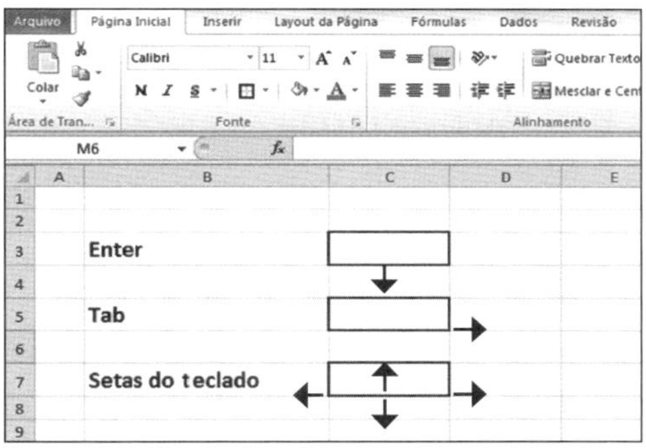

***Figura 4* – Mover-se entre as células da planilha**

Criar minha primeira planilha

Uma das principais características do Excel é sua capacidade de tratar dados numéricos e trabalhar com dados dispostos organizadamente em colunas e linhas. Essas informações são utilizadas para efetuar cálculos diversos. No cupom fiscal e no boleto para pagamento da conta de luz, por exemplo, o cálculo realizado é o de total a pagar; no boletim escolar, o cálculo é da média por disciplina; e, no extrato bancário, calcula-se o saldo.

Nesse contexto, podemos observar que as planilhas ajudam a facilitar a organização das informações, pois as dispõem em colunas e linhas e possibilitam efetuar cálculos com seus dados numéricos.

Na nossa primeira planilha, criaremos uma tabela de despesas que terá duas colunas de dados. Na primeira coluna, digitaremos os itens de despesas e, na segunda, seus valores, conforme o exemplo da **figura 5**.

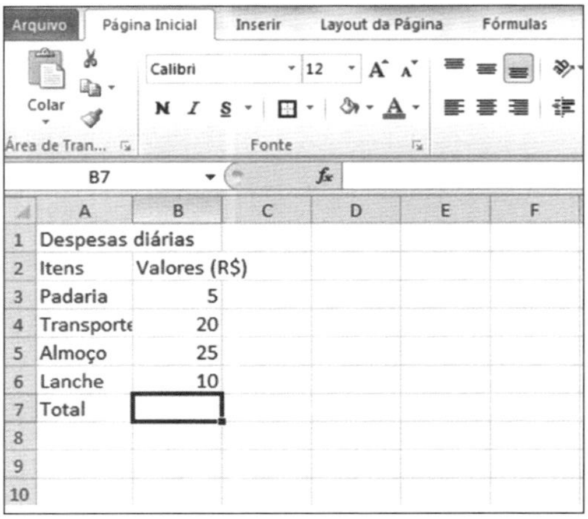

***Figura 5* – Minha primeira planilha**

ETAPAS DE PREPARAÇÃO DA PLANILHA ▶▶

1. Posicione o cursor na célula A1 e digite “Despesas diárias”, depois aperte a tecla Enter e, na célula A2, digite “Itens”, e assim por diante. Complete a digitação até a célula A6. Atenção: ao digitar o conteúdo da célula A7, observe que, apertando a primeira letra T, o Excel preenche automaticamente o texto, sugerindo que haja uma repetição de dados que comecem com a letra T na coluna. Ele repetirá, então, o conteúdo da célula A4. Caso essa sugestão do autopreenchimento não seja correta, continue a digitação da palavra que deseja colocar na célula. Se for adequada, basta clicar Enter.

2. Com ajuda do mouse, clique na célula B1 e digite “Valores (R$)”, pressione Enter e passe a digitar os valores referentes a cada item.

3. Após finalizar a digitação, percebemos que a palavra “Transporte”, na célula A4, não aparece inteira na célula. Logo, temos que aumentar a largura da coluna. Coloque o cursor, do mouse, na posição entre as colunas A e B. O mouse mudará seu formato para duas setinhas, como mostra a **figura 6**. Clique e arraste para a direita para aumentar a largura da coluna.

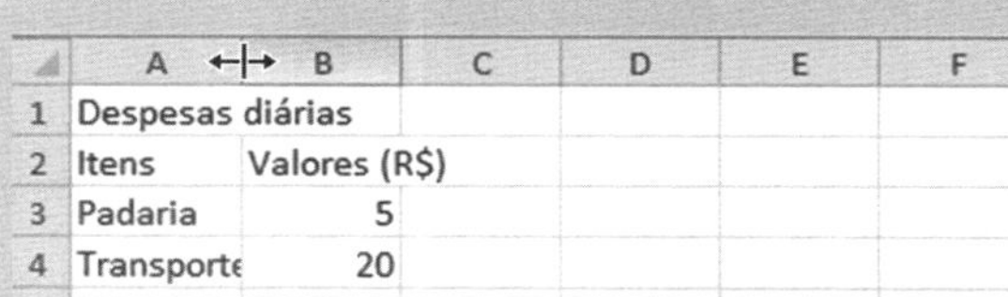

***Figura 6* – Aumentar a largura da coluna**

4. Para usar a função AutoSoma, que está disponível na guia Página Inicial, basta clicar numa célula (B7, por exemplo) e depois no comando da função (**figura 7**).

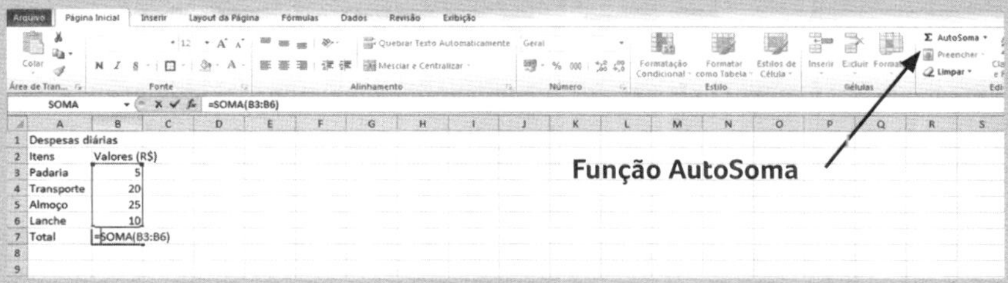

Figura 7 **– Janela da função AutoSoma**

Na **figura 7**, é possível observar ainda que o Excel faz referência automática ao intervalo de células (B3:B6) corretamente, pois ele compreendeu que a soma seria relacionada com as células numéricas que estão acima da célula onde está a função.

Inserir textos, números e pequenas fórmulas

Podemos inserir no Excel dois tipos básicos de dados: textos e números. Automaticamente o Excel alinha os dados textuais à esquerda e os números à direita. Essa forma de alinhamento automático pode futuramente ser modificada com uma personalização de alinhamento. Mas, neste primeiro momento, é importante para nós, pois é uma forma de revisão prévia dos dados. Caso digitemos erradamente um número junto com uma letra, a planilha identifica como a entrada de um texto. Exemplo: 3O, o número 3 e a letra O em vez de 0. Outro exemplo é a digitação de 2.0 (número 2, ponto final e número 0) pensando que digitamos um número com casa decimal. Assim, cometemos outro erro identificado automaticamente pela planilha em razão do alinhamento, pois o Excel entende que as casas decimais devem ser separadas por vírgula.

Já quanto aos cálculos no Excel, podemos efetuá-los de duas maneiras: fórmulas e funções. A diferença é que nas fórmulas faremos uso dos operadores matemáticos adição, subtração, multiplicação e divisão. Já as funções são cálculos predefinidos e colecionáveis em uma biblioteca de funções do Excel.

Na **figura 8**, célula B7, observamos que o cálculo foi realizado por uma função do Excel. Já na célula E7, utilizamos operadores matemáticos para realizar o cálculo de soma. Dessa forma, construímos uma fórmula.

I4 | fx

	A	B	C	D	E	F
1	Despesas diárias			Despesas diárias		
2	**Itens**	**Valores (R$)**		**Itens**	**Valores (R$)**	
3	Padaria	5		Padaria	5	
4	Transporte	20		Transporte	20	
5	Almoço	25		Almoço	25	
6	Lanche	10		Lanche	10	
7	Total	=SOMA(B3:B6)		Total	=E3+E4+E5+E6	
8						
9						

***Figura 8* – Fórmulas *x* funções**

Como vimos na célula E7, não é indicado o uso de valores numéricos como elementos principais de uma fórmula. Ou seja, não devemos fazer uma operação matemática do tipo =5+20+25+10. O ideal é utilizar as referências das células.

Na construção das fórmulas, devemos observar três questões básicas: a primeira, sempre começar com o operador de igualdade (=) para que o Excel entenda que é um cálculo e não outro dado a ser digitado; a segunda, utilizar as referências das células como elementos de uma fórmula; e, por fim, conhecer os sinais de operadores matemáticos, como = (igualdade); + (adição); - (subtração); * (multiplicação); / (divisão); ^ (potenciação), entre outros.

Outra questão importante, quando tratamos de fórmulas, é considerar a precedência dos operadores. Ou seja, para o Excel, alguns cálculos terão prioridade na fórmula. Como é o caso da precedência das multiplicações e divisões em relação às somas e subtrações. Por esse motivo, é comum o uso dos parênteses na fórmula. A precedência de operadores nas planilhas eletrônicas pode seguir a ordem do **quadro 1**:

Ordem da precedência	Operador
1º	Potência e raiz
2º	Multiplicação e divisão
3º	Adição e subtração

***Quadro 1* – Ordem de precedência de operadores**

Voltando ao exemplo das despesas diárias, podemos acrescentar R$ 10,00 para o almoço e pagar três dias. Na tabela abaixo, encontramos o valor do almoço na célula B5, R$ 25,00. A fórmula ficaria =B5+10*3, e o resultado seria R$ 55,00. Repare que o resultado desse cálculo está errado, pois primeiro o Excel fez a multiplicação e depois a soma. Para evitar essa regra de precedência do Excel, faremos o uso dos parênteses para priorizar a adição. A fórmula ficará =(B5+10)*3. Ou seja, primeiro serão acrescentados R$ 10,00 no valor do almoço e depois será feita a multiplicação dos três dias de pagamento. O resultado será R$ 105,00, que é o valor correto (**figura 9**).

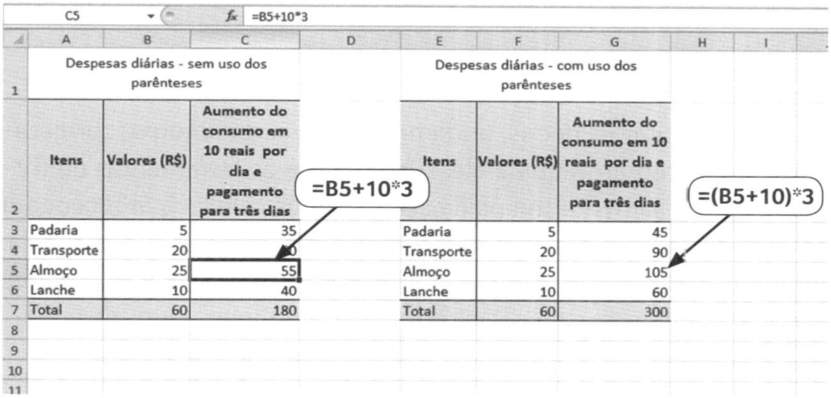

C5 | =B5+10*3

Despesas diárias - sem uso dos parênteses		
Itens	Valores (R$)	Aumento do consumo em 10 reais por dia e pagamento para três dias
Padaria	5	35
Transporte	20	90
Almoço	25	55
Lanche	10	40
Total	60	180

Despesas diárias - com uso dos parênteses		
Itens	Valores (R$)	Aumento do consumo em 10 reais por dia e pagamento para três dias
Padaria	5	45
Transporte	20	90
Almoço	25	105
Lanche	10	60
Total	60	300

***Figura 9* – Fórmulas e suas precedências**

Criar planilha de custos mensais

Quando inserimos dados na planilha, é importante que comecemos identificando os títulos das colunas. Por exemplo, Itens, inserido na célula A3, e os meses de janeiro a maio (B3 até F3), como mostra a **figura 10**. A tabela a seguir se refere a alguns itens que compõem as despesas pessoais numa série histórica de janeiro a maio.

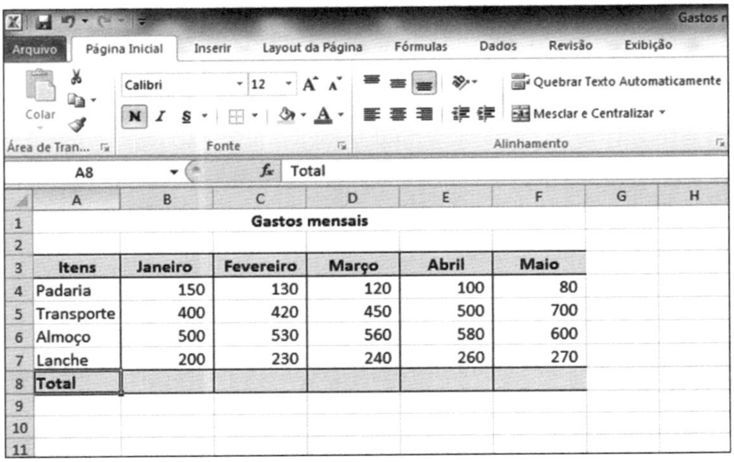

	A	B	C	D	E	F
1	Gastos mensais					
2						
3	Itens	Janeiro	Fevereiro	Março	Abril	Maio
4	Padaria	150	130	120	100	80
5	Transporte	400	420	450	500	700
6	Almoço	500	530	560	580	600
7	Lanche	200	230	240	260	270
8	Total					

***Figura 10* – Despesas pessoais numa série histórica**

Depois de digitar os dados, podemos personalizar algumas formatações, que darão destaque a eles. Para utilizar as ferramentas de formatação, inicialmente temos de selecionar as células que receberão essa modificação, e depois acionar o comando desejado. Nessa tabela, foram formatados vários elementos de um único grupo de comandos na faixa de opções da guia Página Inicial. Listaremos alguns deles:

1. Na célula A1 da **figura 10**, o texto está com a opção Mesclar e Centralizar. Para fazer esse procedimento, selecionamos as células A1 até F1 e clicamos no comando Mesclar e Centralizar da guia Página Inicial do menu. As células ficarão com uma única referência e seu conteúdo será centralizado.

2. Os dados das células A3 até F3 estão com negrito e alinhamento horizontal centralizado e alinhado em baixo, além de uma cor de preenchimento azul-clara. Essas formatações também foram feitas com os comandos da guia Página Inicial.

3. Os dados numéricos de B4 até F8 estão com formatação de moeda. Além disso, utilizamos o comando AutoSoma para calcular os resultados dos gastos nos meses de janeiro a maio.

4. Para fazer a formatação de bordas na tabela, devemos selecionar as células e escolher entre os vários tipos de bordas: inferior, superior, esquerda, direita, todas as bordas, bordas externas. O comando Bordas também integra a guia Página Inicial. Nela encontraremos uma caixa de diálogo do comando com opções como Tipo da Borda e Personalizações da Linha. Continuando o exemplo da **figura 10**, colocamos borda superior e inferior na linha 8 e dividimos as colunas com bordas à direita.

Salvar arquivos no Excel

Tão importante quanto a digitação e a formatação é a gravação do arquivo. No Excel, essa opção está disponível na Barra de Opção de Acesso Rápido, com o ícone de comando Salvar (símbolo do disquete), que, se for acionado pela primeira vez, irá abrir a janela Salvar Como. Também encontramos a opção Salvar Como na guia Arquivo, na janela do Excel. Com ela, podemos definir o local do arquivamento (pasta); e, em seguida, o nome do documento, "Gastos mensais". O tipo de arquivo já está escolhido e é Pasta de Trabalho do Excel. Finalmente, clicamos no botão Salvar.

Por padrão, o Excel salva arquivos com formato Pasta de Trabalho e tem extensão XLSX. Esse formato de arquivo é aberto nas versões do Excel 2007 até 2013. Também podemos salvar uma pasta de trabalho com formato de planilha do OpenDocument, arquivo-padrão do programa Calc, do LibreOffice. Seus arquivos têm extensão ODS.

Seleção de intervalos e seleção alternada

No Excel, a seleção de intervalos e a seleção alternada de células são utilizadas em muitas ocasiões para cálculos, formatação e produção de gráficos. Utilizamos dois-pontos para indicar a seleção de intervalos e ponto e vírgula para a seleção alternada. Exemplo: (B2:E2) seleciona o intervalo de B2 até E2, que compreende as células B2, C2, D2 e E2. Já a referência com seleção alternada pode ser representada por (B2;E2), que corresponde às células B2 e E2.

No exemplo a seguir, ao selecionar o intervalo de B4 até F7, podemos clicar na célula B4 e arrastar o mouse até a célula F7. Dessa maneira, conseguimos o intervalo (B4:F7). Outra maneira de selecionar intervalos é com a ajuda da tecla Shift. Clicando na tecla B4, apertamos a tecla Shift e clicamos na célula F7 (**figura 11**).

B4 | 150 | Barra de fórmulas

	A	B	C	D	E	F
1	Gastos mensais					
2						
3	Itens	Janeiro	Fevereiro	Março	Abril	Maio
4	Padaria	R$ 150,00	R$ 130,00	R$ 120,00	R$ 100,00	R$ 80,00
5	Transporte	R$ 400,00	R$ 420,00	R$ 450,00	R$ 500,00	R$ 700,00
6	Almoço	R$ 500,00	R$ 530,00	R$ 560,00	R$ 580,00	R$ 600,00
7	Lanche	R$ 200,00	R$ 230,00	R$ 240,00	R$ 260,00	R$ 270,00
8	Total	R$ 1.250,00	R$ 1.310,00	R$ 1.370,00	R$ 1.440,00	R$ 1.650,00
9						

***Figura 11* – Selecionando intervalo**

Já a seleção alternada no Excel é feita com ajuda da tecla Control (Ctrl). Ou seja, clicamos em uma célula e, fixando a tecla Ctrl, selecionamos outra célula. No exemplo da **figura 12**, foram selecionadas as seguintes células: de A3 até A7, de C3 até C7 e de E3 até E7. Para separarmos os intervalos, utilizamos o ponto e vírgula e a referência para o Excel ficará a seguinte (A3:A7; C3:C7; E3:E7).

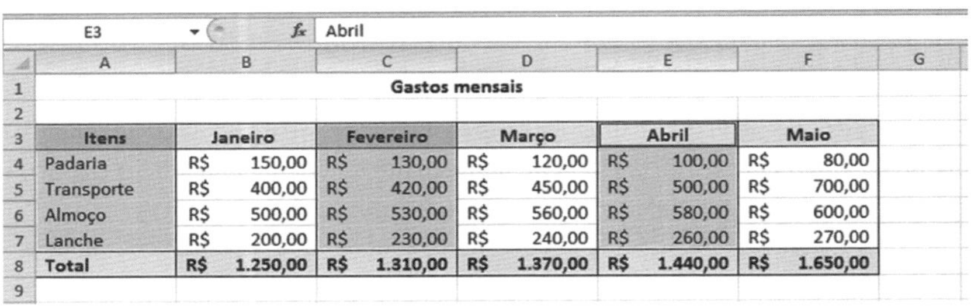

E3 | Abril

	A	B	C	D	E	F
1	Gastos mensais					
2						
3	Itens	Janeiro	Fevereiro	Março	Abril	Maio
4	Padaria	R$ 150,00	R$ 130,00	R$ 120,00	R$ 100,00	R$ 80,00
5	Transporte	R$ 400,00	R$ 420,00	R$ 450,00	R$ 500,00	R$ 700,00
6	Almoço	R$ 500,00	R$ 530,00	R$ 560,00	R$ 580,00	R$ 600,00
7	Lanche	R$ 200,00	R$ 230,00	R$ 240,00	R$ 260,00	R$ 270,00
8	Total	R$ 1.250,00	R$ 1.310,00	R$ 1.370,00	R$ 1.440,00	R$ 1.650,00
9						

***Figura 12* – Selecionando células alternadas**

Com essa seleção, poderíamos, por exemplo, destacar os dados com alguma formatação ou fazer um gráfico de gastos dos meses de fevereiro e abril especificamente.

Criar e excluir células, linhas e colunas e ajustar dimensões

No Excel, para inserirmos linhas e colunas, temos que acessar a guia Página Inicial e o grupo de comandos identificado com o nome Células. Nesse grupo, encontramos os comandos Inserir, Excluir e Formatar. A opção Inserir dá as possibilidades de inserir célula, linha, colunas e planilhas.

Ao inserir células em branco, o Excel desloca outras células para uma posição acima ou à direita da seleção. Essa opção é bastante útil quando precisamos adicionar dados dentro de uma tabela já preenchida, por exemplo. Caso seja acrescentada uma nova linha, esta será inserida acima da célula referenciada. E, sendo uma nova coluna, ela será acrescentada antes dessa coluna de referência.

Ao excluir células, o padrão é que seja excluída a célula, ou a linha, ou a coluna que está referenciada pela seleção. Por exemplo, selecionamos a célula B1 e mandamos excluir linhas na planilha. A linha1 será excluída.

Outra opção muito útil nesse grupo de comando Células é a opção Formatar. Quando a planilha tem colunas com larguras variadas, podemos escolher esse comando para padronizá-las. Em uma planilha, a largura de coluna pode variar de 0 a 255. Esse valor representa o número de caracteres que podem ser exibidos em uma célula. A largura-padrão da coluna é de 8,43 caracteres. Já a altura de uma linha pode ser de 0 a 409. Se a altura da linha for definida como 0, ela ficará oculta. Esse valor representa a medida da altura em pontos, onde cada ponto é igual a 1/72 polegada aproximadamente. A altura-padrão da linha no Excel é de 12,75 pontos. Além disso, temos a opção Autoajuste, que faz o ajuste de acordo com o conteúdo da célula.

Mais uma opção é ocultar células, em que a planilha não exibirá a coluna ou a linha, pulando suas referências. Por exemplo, poderíamos ocultar as linhas 3 a 5. Aí a planilha iria apresentar as linhas 1, 2, 6, 7, e assim por diante. Para desfazer essa opção, é só clicar duplo entre as linhas 2 e 6, que o conteúdo oculto será exibido. Essas opções estão representadas na **figura 13**.

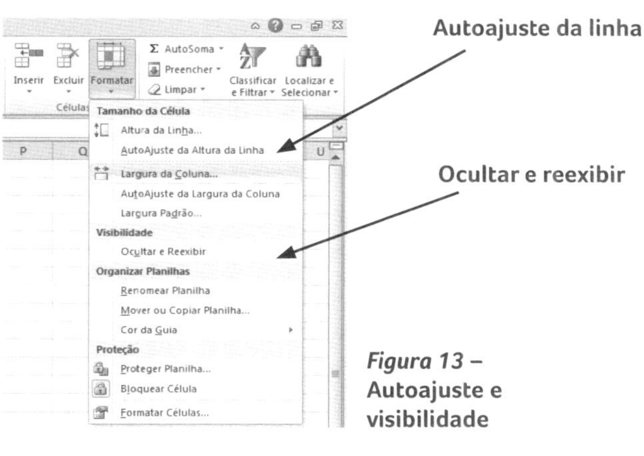

***Figura 13* – Autoajuste e visibilidade**

Manipular abas de planilhas

Quando abrimos o Excel, encontramos, como padrão, uma pasta de trabalho que contém três planilhas em branco. Podemos acessá-las por três abas presentes na parte inferior esquerda da janela. Essas abas se chamam Plan1, Plan2 e Plan3. As abas proporcionam a organização de várias planilhas dentro de um único arquivo, que é chamado de Pasta de Trabalho. Posicionando o mouse sobre os ícones das abas, e clicando com o botão direito do mouse, abre-se uma guia de contexto. Nela podemos acionar opções de gerenciamento das abas (**figura 14**).

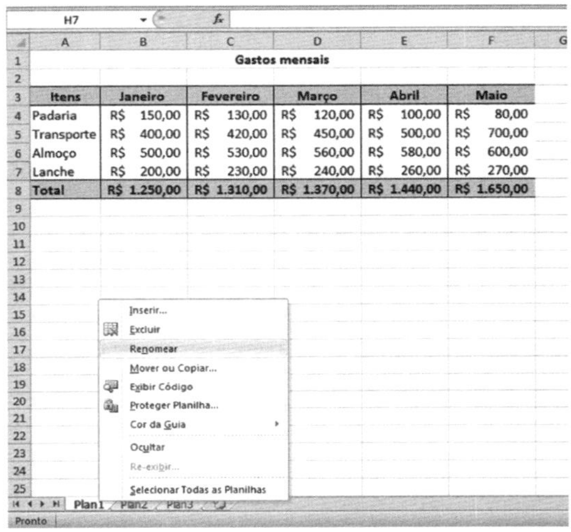

Figura 14 – **Abas e sua guia de contexto**

O gerenciamento dessas abas se dá basicamente através de três opções principais: Inserir, Excluir e Renomear. Renomear as planilhas facilita a organização e a visualização rápida dos conteúdos que ela traz. Inserir e Excluir são úteis quando precisamos acrescentar ou diminuir o número de planilhas, respectivamente. Como exemplo, poderíamos renomear as planilhas do arquivo Gastos mensais com os nomes dos meses do ano. Então, cada aba teria o nome do mês de referência. Dessa maneira, os dados divididos em planilhas facilitariam a organização das informações.

Dica ☺

Quando criamos gráficos, temos a opção de movê-los para o destino de nova planilha. Essa opção está na janela de assistente do gráfico e na opção Design, da guia Ferramenta de Gráfico. Lá encontramos o comando Mover Gráfico. Nesse caso, o gráfico fica como objeto sozinho dentro de uma planilha.

Recortar, copiar e colar

Os programas do pacote Office utilizam comandos de ferramenta da Área de Transferência para ações como recortar, copiar, colar e usar o pincel. No Excel, encontramos algumas possibilidades de colagem específicas. Podem ser realizadas as seguintes ações: colar tudo, colar somente valores, colar com fórmulas, colar valores sem formatação, colar transposto, que é a troca de linhas por colunas, entre outras opções (**figura 15**).

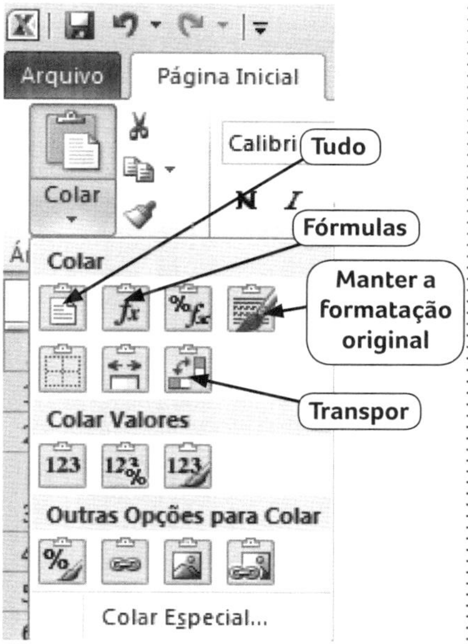

Figura 15 **– Faixa de opções do comando Colar da Área de Transferência**

Outra maneira de colar é clicar com o botão direito do mouse sobre a célula de destino, onde será aberto um menu de contexto com opções de colagem especial (**figura 16**).

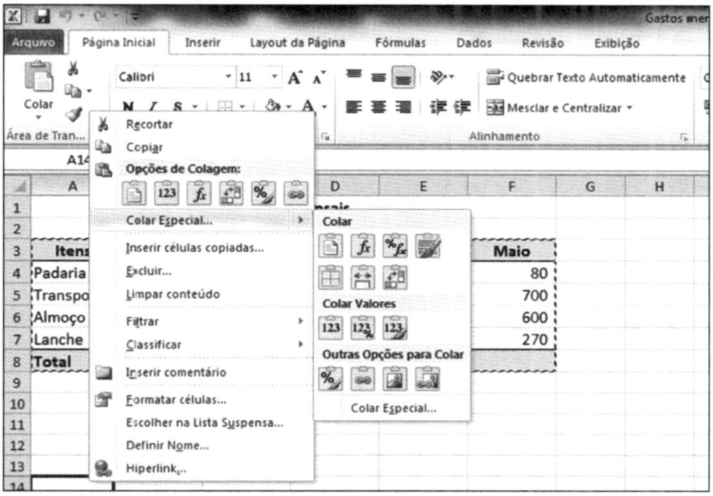

Figura 16 **– Colar Especial com o botão direito do mouse**

Modificar exibição e configuração da página

Na guia Exibição e no grupo Modos de Exibição de Pasta de Trabalho, temos as opções: Normal, Layout da Página, Visualização da Quebra de Página e Tela Inteira. O modo Normal, como o nome diz, é o padrão de uma planilha do Excel. O modo Layout da Página é usado quando queremos tratar com cabeçalhos e rodapés e margens de impressão. Já Visualização da Quebra de Página é especialmente útil para ver de que forma outras alterações foram feitas por nós. Ou seja, podemos observar em quais células digitamos e onde elas ficarão localizadas na página de impressão. Na visualização de Tela Inteira, a planilha é mostrada sem as guias e barra de status. Para sair desse modo de exibição, apertamos a tecla Esc.

Outra forma de mudarmos o modo de exibição é através da barra de status da janela do Excel, no canto inferior da janela. Esses botões estão posicionados ao lado do zoom da janela e, ao pousarmos o cursor sobre eles, seus nomes são exibidos automaticamente.

Já para configurarmos elementos da página de trabalho como as margens, a orientação da página (retrato ou paisagem) e as dimensões da página de impressão (largura e altura), temos que acionar a guia Layout da Página. Um comando bem interessante dessa guia é a seleção ou não das linhas de grade na planilha. As grades são importantes, pois limitam e exibem as referências das células. Sem elas, não teríamos uma visão exata da localização do conteúdo digitado.

Inserir cabeçalho e rodapé

Para criarmos cabeçalho e rodapé, é só clicar no comando localizado na guia Inserir. Outra maneira de acessarmos essa área de cabeçalho e rodapé é através do modo de exibição Layout da Página, que está na guia Exibição.

Após inserirmos o cabeçalho e o rodapé, automaticamente o modo de exibição muda para Layout da Página e é aberta uma nova guia de Ferramentas de Cabeçalho e Rodapé (**figura 17**).

Nessa guia, é possível alternar entre as duas áreas de Cabeçalho e Rodapé por meio dos comandos de navegação. E também podemos inserir dados como nome de arquivo, número de página, data atual e caminho do arquivo (onde ele foi salvo). Além disso, nas áreas de Cabeçalho e Rodapé, podemos personalizar a planilha digitando textos como a identificação de uma empresa e uma imagem como sua logomarca.

Inserimos elementos diferentes nas três áreas do cabeçalho. Na primeira seção, foi inserido o nome do arquivo, na segunda foi digitado um texto personalizado e na terceira inserimos o comando número de páginas.

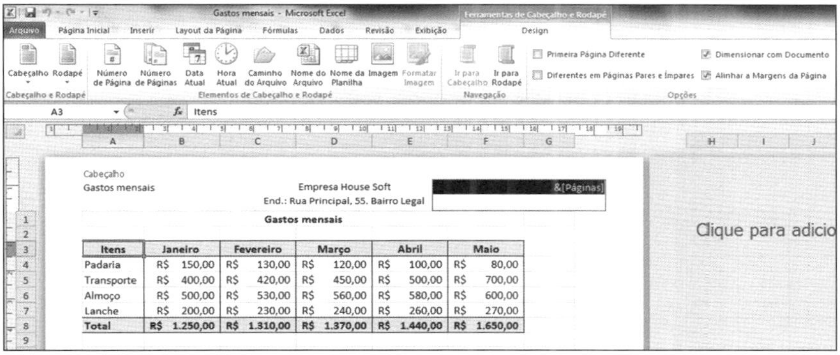

Figura 17 – **Guia Design do Cabeçalho e Rodapé**

Se quisermos sair da guia Design, evitando a visualização do Cabeçalho e Rodapé, podemos modificar o modo de exibição para Normal.

Além disso, a partir dessa configuração de cabeçalho e rodapé, todas as páginas de impressão dessa planilha serão numeradas e com as mesmas referências. Lembre-se de que, ao imprimir o conteúdo de outra planilha, mesmo que esteja na mesma pasta de trabalho, o cabeçalho e o rodapé terão de ser refeitos para uma impressão padronizada.

Inserir comentário

Comentário é uma anotação que anexamos a uma célula com a intenção de fazer um lembrete sobre seu conteúdo. Esse lembrete só é visualizado quando posicionamos o ponteiro acima dessa célula, ou seja, não sairá na impressão. Ele pode fornecer orientações a outros usuários da planilha ou explicar uma fórmula, por exemplo. Para inserir um comentário, primeiro selecionamos a célula e acionamos a guia Inserir, comando Comentário. Uma área para digitação se abrirá e nela colocaremos um texto explicativo ou lembrete. Sua formatação é na guia Revisão. Como mostra a **figura 18**, as opções Excluir e Editar Comentário aparecem logo após selecionarmos a célula com comentário, na guia Revisão.

Quando uma célula tem um comentário, um indicador vermelho aparece no canto superior da célula. No entanto, seu conteúdo fica oculto até posicionarmos o ponteiro do mouse novamente sobre a célula.

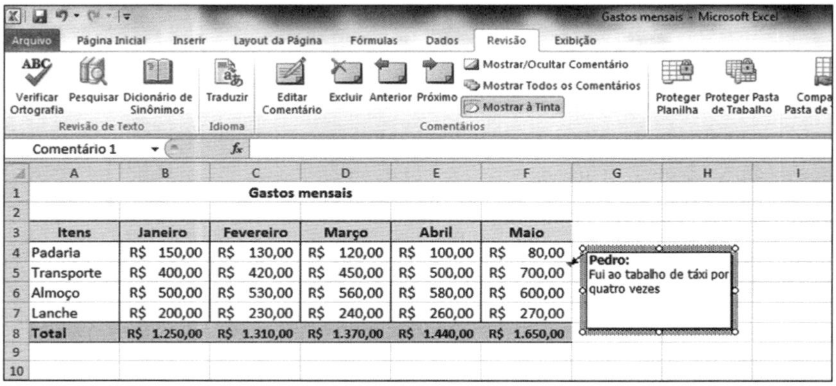

Figura 18 **– Inserir comentários**

Estilos e formatações de células

O estilo é um comando que pode ser aplicado em células ou em objetos como gráficos, SmartArts e formas. Esse comando nos auxilia a aplicar formatações combinadas sobre cores, bordas e plano de fundo.

No caso de uma tabela, poderíamos selecionar a primeira linha e aplicar um estilo de formatações de fonte e sombreamento que está na opção Dados e Modelo e, no corpo da tabela (números), poderíamos aplicar cor na letra e no preenchimento com a opção Estilos de Célula com Tema (**figura 19**). Assim, criamos inúmeras combinações de estilos dentro de uma tabela.

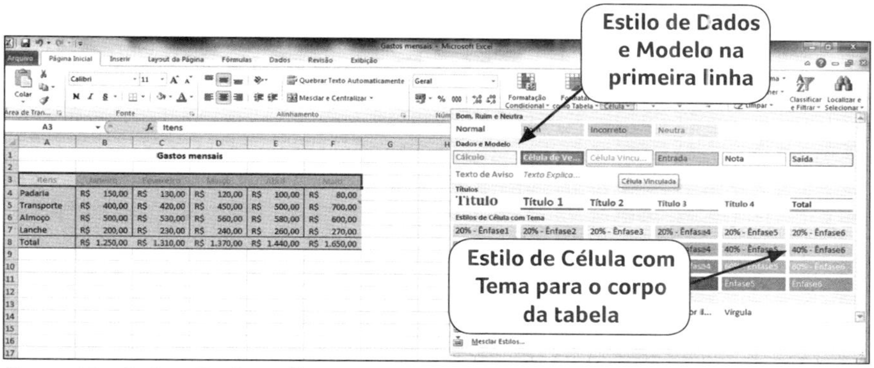

***Figura 19* – Aplicação de estilos**

Já o comando Formatar como Tabela, quando aplicado, modifica vários formatos, diferenciando os títulos e o corpo da tabela. Esse comando de formatos altera características de fonte, bordas e sombreamento predefinidas e classificadas por cores. Quando trabalhamos com várias planilhas em um mesmo documento, esse comando facilita a padronização das características visuais entre elas. Para o aplicarmos, inicialmente escolhemos uma tabela na planilha, depois vamos até a guia Página Inicial e selecionamos o comando Formatar como Tabela. Nessa janela, podemos escolher formatos de acordo com as cores claras, médias e escuras (**figura 20**).

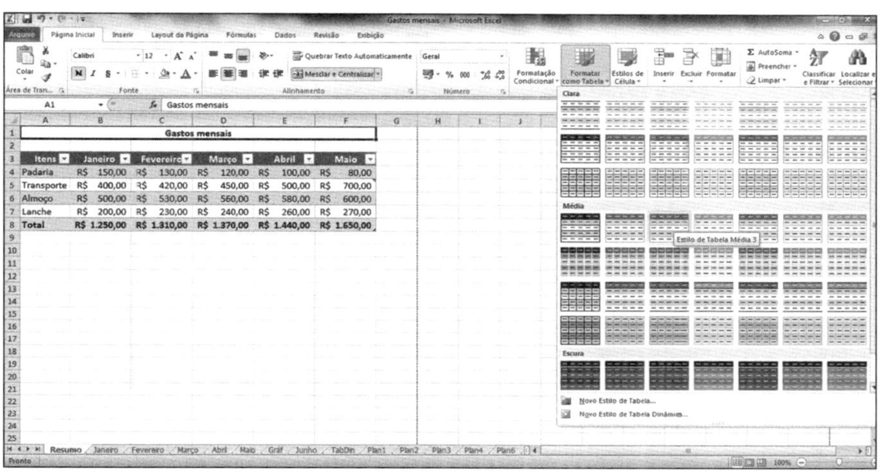

***Figura 20* – Comando Formatar como Tabela**

Para aplicarmos o comando Formatar como Tabela, o ideal é que a tabela não tenha nenhuma formatação de fonte, bordas e sombreamento. Ao finalizarmos esse comando, percebemos que o Excel adicionou setinhas suspensas ao topo das colunas.

Essa opção é conhecida como filtro e tem a função de, ao escolher qualquer coluna, fazermos uma seleção por texto ou número. Por exemplo, ao clicarmos no mês de março, poderíamos escolher o critério de valores maiores do que R$ 400,00. Nesse caso, o filtro exibiria somente as linhas com valores superiores a esse valor no referido mês, que seriam as linhas relacionadas a Transporte e Almoço (**figura 21**).

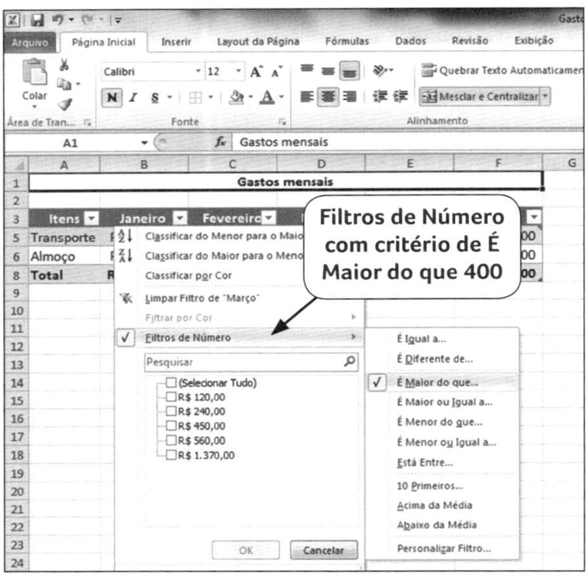

Figura 21 **– Formatar como Tabela – Filtros de Número**

No Excel, podemos aplicar vários filtros em uma mesma tabela. Além disso, o filtro também é muito utilizado para classificar números do maior para o menor ou informações por coluna textual em ordem alfabética (**figura 22**).

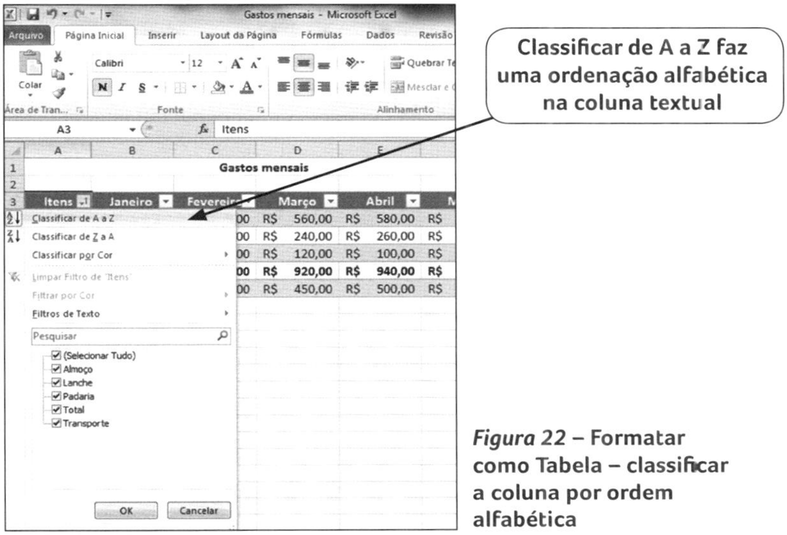

Figura 22 **– Formatar como Tabela – classificar a coluna por ordem alfabética**

Dica ☺

Ao copiar uma tabela com formatação para outro programa, como o Word, as setinhas do filtro não serão copiadas nem exibidas.

Outro comando interessante da guia Página Inicial é a Formatação Condicional. Ela tem a função de realçar as informações de forma gráfica, ou seja, diferenciar os dados de acordo com a condição selecionada. Existem muitas condições para realce de texto, número e data. Nesse exemplo, aplicaremos uma Formatação Condicionada com Preenchimento Gradual no intervalo de células (B4:B7). Essa representação reflete o valor de cada célula em relação ao valor máximo do intervalo. Inicialmente selecionamos o intervalo de células (B4:B7) e, em seguida, escolhemos a Formatação Condicional com Preenchimento Gradual, através da opção Barras de Dados, como mostra a **figura 23**.

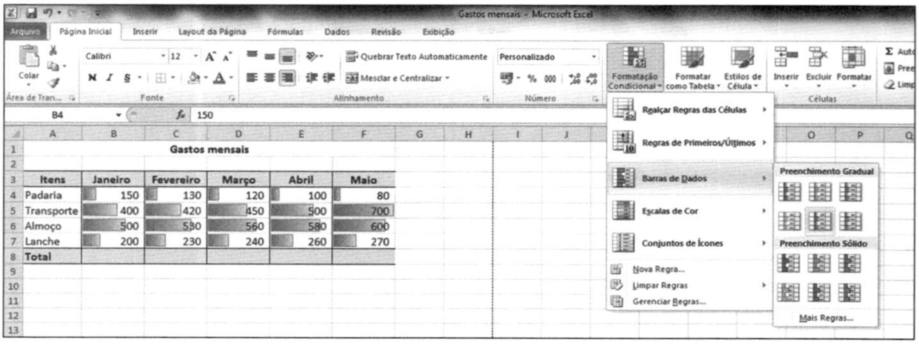

Figura 23 – **Formatação Condicional com Barras de Dados**

A seguir, veremos o comando Formatação Condicional com a opção de Conjuntos de Ícones. Para isso, calcularemos um total dos gastos por mês e em seguida selecionaremos (B8:F8), com a finalidade de identificar, com ícones de cinco classificações, a situação dos gastos em relação ao total nesse período. Nesse tipo de marcadores, o símbolo é de um pequeno gráfico de coluna. Feita a seleção, clicamos no comando Formatação Condicional e, na opção Conjuntos de Ícones, escolhemos o item 5 – Classificações (**figura 24**).

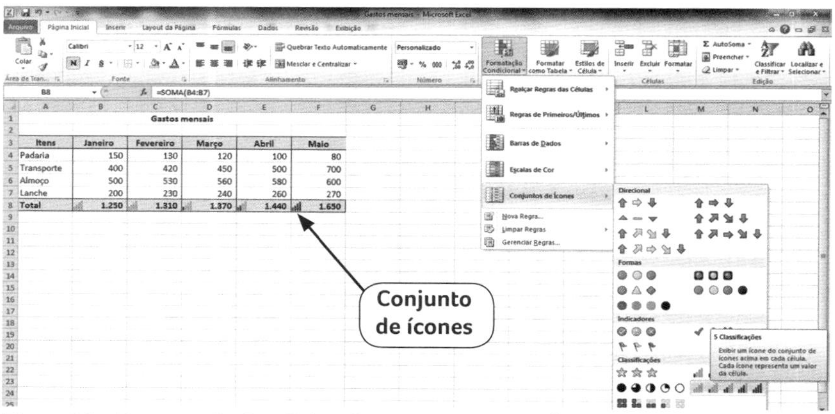

Figura 24 – **Formatação Condicional com Conjuntos de Ícones em cinco classificações**

Copiar fórmulas com referência

Existem três tipos de cópias de células: Simples, com Referência Relativa e com Referência Absoluta. Como já vimos, a cópia é Simples quando existe somente a duplicação do conteúdo da célula, na íntegra. Copiar com Referência é utilizado para redução de trabalho, para evitar a digitação repetitiva de fórmulas e funções e diminuir erros de referência no Excel. Já a cópia com Referência Absoluta envolve fixar ou congelar um endereço de célula usado em uma fórmula, facilitando a atualização dos dados quando o conteúdo dela é modificado.

O exemplo a seguir mostra a função Copiar com Referência. Temos o cálculo do valor total, que é a multiplicação do preço unitário pela quantidade. Faremos inicialmente a fórmula para a célula D6 (**figura 25**).

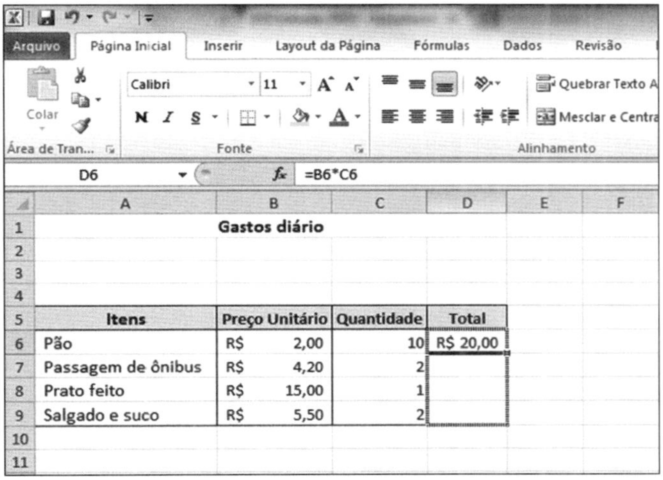

Figura 25 – **Copiar com Referência**

Depois de digitarmos a fórmula na célula D6, apertamos Enter para finalizá-la. Em seguida, posicionamos o cursor no canto inferior direito dessa célula e, quando ele mudar seu ícone de seta indicadora para o sinal de soma em negrito, clicamos o mouse e arrastamos até a célula D9, fazendo assim a cópia relativa (**figura 26**).

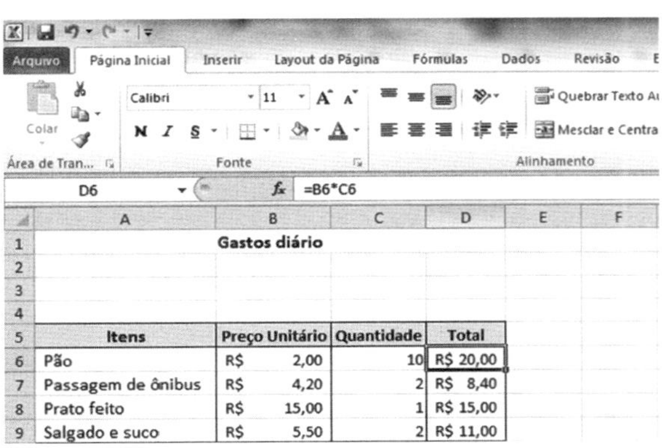

Figura 26 – **Resultados das fórmulas usando Cópia com Referência Relativa**

Como vimos, os resultados da coluna Total ficam com referência modificada de acordo com a linha atual da fórmula. Por exemplo, na célula D6 a fórmula é =B6*C6; já em D7, =B7*C7; D8, =B8*C8, e assim sucessivamente (**figura 27**). Ou seja, na Cópia com Referência, a fórmula é copiada, mas com as células dela se adaptando à nova posição. As referências dentro das fórmulas são relativas, pois dependem de onde serão copiadas.

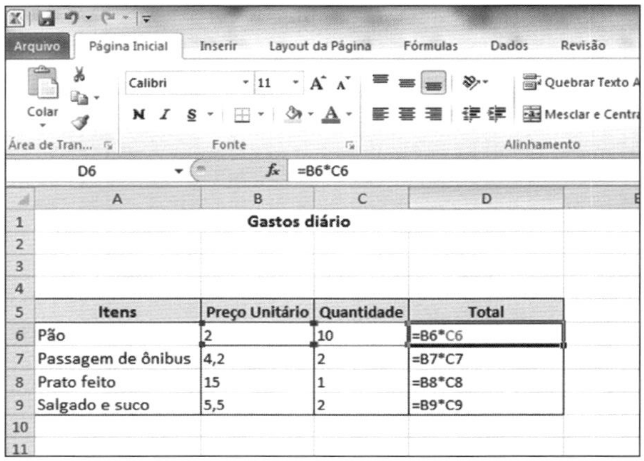

***Figura 27* – Resultados com referência modificada**

Já no caso da Cópia com Referência Absoluta, fixamos a referência de uma ou mais células que durante a cópia não serão modificadas. Ou seja, ainda que efetuemos uma Cópia com Referência Relativa dessa célula, ela permanecerá com o mesmo endereço em todas as fórmulas copiadas. Para indicar que uma célula é Referência Relativa ou Absoluta usamos o símbolo do cifrão ($).

No exemplo a seguir, queremos calcular o total acrescido de um imposto de 5%. Para o cálculo desse resultado, a fórmula na célula E6 poderia ser: =D6+(D6*B3). Ou seja, o valor de D6 somado a 5% dele. Ao copiarmos essa fórmula nas células abaixo, a célula B3 deve permanecer fixa, pois ela contém o valor 0,05, que corresponde a 5%. Para isso acontecer, escrevemos a fórmula acrescentando cifrões para indicar que essa célula é Referência Absoluta. B3 vira então B3. E a fórmula fica assim: =D6+(D6*B3).

Digitamos então essa fórmula na célula E6 e pressionamos Enter para finalizá-la. Depois disso, posicionamos o ponteiro do mouse no canto inferior direito dessa célula. Quando o formato do ponteiro mudar para uma cruz preta, o arrastamos até a célula E9. Na **figura 28**, vemos como ficam as fórmulas após a cópia.

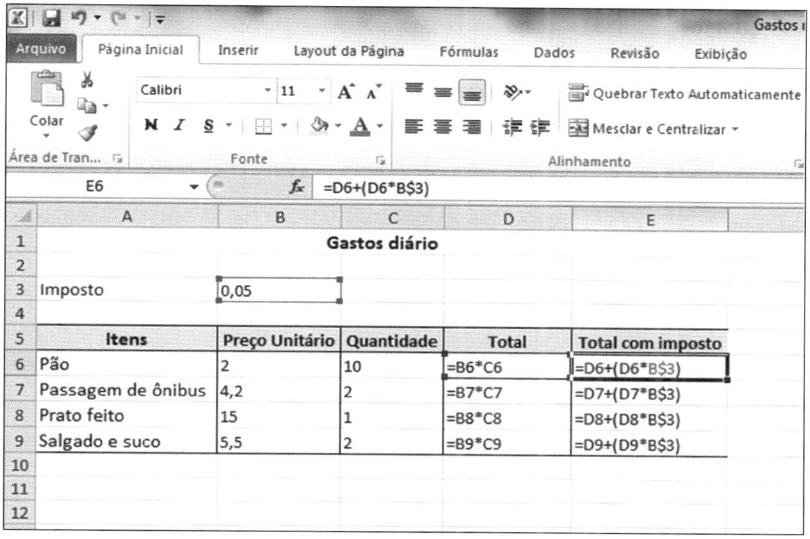

***Figura 28* – Fórmulas com cópia relativa com Referência Absoluta**

O resultado dessas cópias com Referência Absoluta, depois de usado o recurso de clicar e arrastar no canto da célula, é apresentado na **figura 29**.

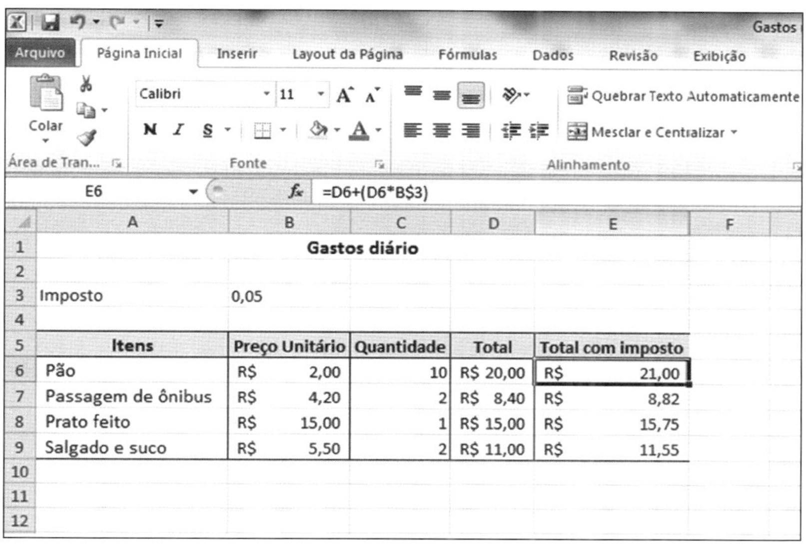

***Figura 29* – Resultados das fórmulas com cópia relativa com Referência Absoluta**

Assistente de Funções

Já vimos que podemos escrever fórmulas usando operadores aritméticos. No entanto, podemos ser mais eficientes se, em vez deles, usarmos funções. Para exemplificar, escrevemos uma fórmula para calcular a média aritmética dos valores presentes nas células C5, C6, C7, C8 e C9. Usando operadores aritméticos, a fórmula ficaria: =(C5+C6+C7+C8+C9)/5. Nesse caso, usamos os operadores de adição e divisão. O Excel possui uma função que, basta indicar o intervalo, calcula a média aritmética dos valores numéricos presentes nele. Ficaria assim: =média(C5:C9). Qual a vantagem então de usarmos funções em vez de operadores? Se precisarmos calcular a média dos valores de 100 células usando função, a fórmula fica tão simples e pequena quanto calcular a média de cinco células. Já se usarmos operadores, a fórmula ficará extensa e complicada de verificar algum erro.

Para facilitar o uso de funções, o Excel disponibiliza um assistente. Ele organiza e auxilia o uso de funções de várias áreas do conhecimento. É o caso das funções financeiras, matemáticas e até as estatísticas. A lista de funções está categorizada em ordem alfabética no Assistente de Funções. Em geral, para utilizarmos esse recurso, precisamos de duas informações principais: o nome da função e a referência dos dados que formarão essas funções.

Para utilizarmos o Assistente de Funções, acionamos um comando presente na barra de fórmulas do Excel, ilustrado com o símbolo *fx*. Ao clicar nesse comando, é aberta uma janela onde podemos selecionar a categoria e o nome da função.

No exemplo a seguir, escolhemos a função Máximo, que retorna o maior valor do intervalo de valores. Para utilizarmos o Assistente de Funções, inicialmente selecionamos a célula que ficará com o resultado do cálculo (G4) e acionamos o Assistente de Funções (**figura 30**).

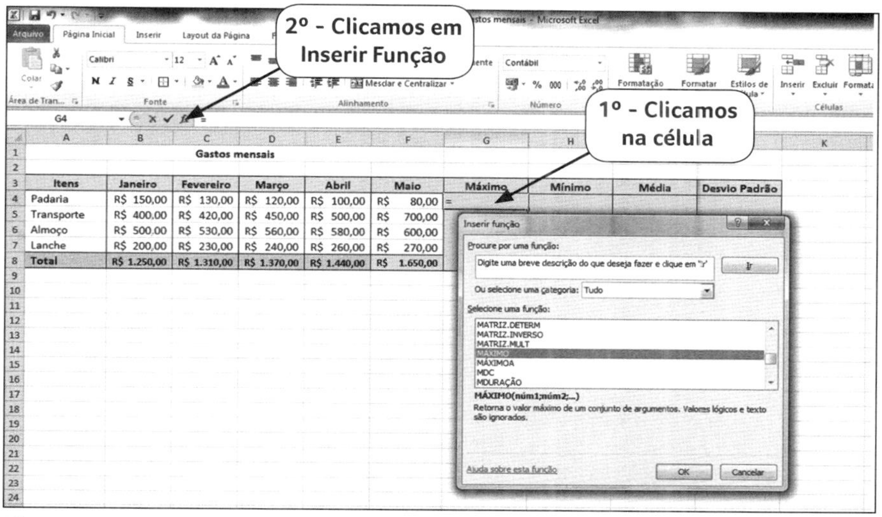

Figura 30 – **Assistente de Funções – escolhendo a função**

Nesse assistente, temos algumas etapas a serem realizadas: na primeira, escolher categoria e nome da função; na segunda, escolher o intervalo de referências. No exemplo, já escolhemos a função Máximo e, na próxima janela do assistente, definimos o intervalo de dados que está na tabela (B4:F4). Essa seleção pode ser feita digitando-se o intervalo ou selecionando-o com o mouse. Selecionamos então o intervalo de B4 a F4 (**figura 31**).

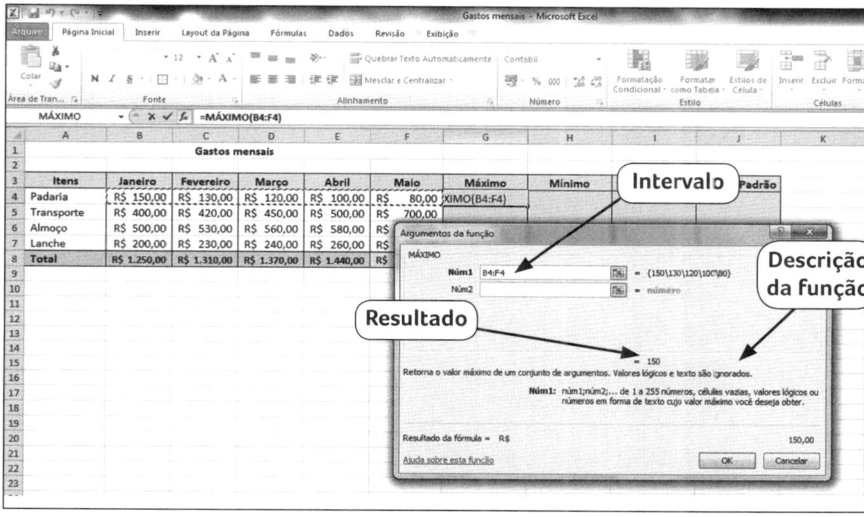

Figura 31 – **Assistente de Funções – escolhendo intervalo de referências**

Perceba que, nessa janela do assistente, o resultado já é exibido (máximo igual a 150), além de uma breve descrição do significado da função ("Retorna o valor máximo de um conjunto de argumentos"). Ao clicar no botão OK, a fórmula é finalizada e seu resultado, exibido. Podemos agora copiá-la para as células abaixo.

Na **figura 32**, além da função Máximo, usamos as funções Mínimo, Média e Desvpad (desvio-padrão), todas baseadas no mesmo intervalo de células.

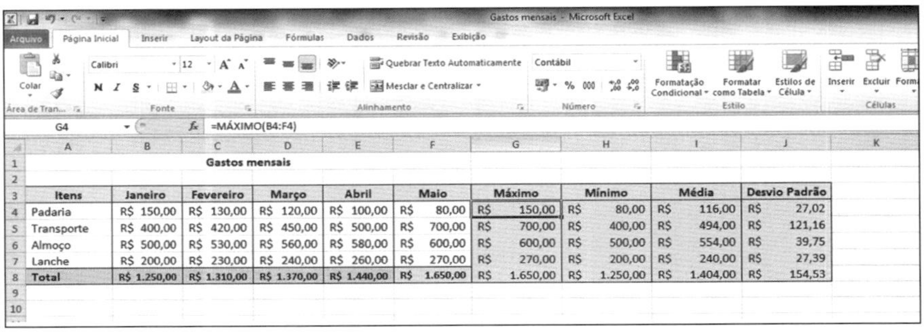

Gastos mensais

Itens	Janeiro	Fevereiro	Março	Abril	Maio	Máximo	Mínimo	Média	Desvio Padrão
Padaria	R$ 150,00	R$ 130,00	R$ 120,00	R$ 100,00	R$ 80,00	R$ 150,00	R$ 80,00	R$ 116,00	R$ 27,02
Transporte	R$ 400,00	R$ 420,00	R$ 450,00	R$ 500,00	R$ 700,00	R$ 700,00	R$ 400,00	R$ 494,00	R$ 121,16
Almoço	R$ 500,00	R$ 530,00	R$ 560,00	R$ 580,00	R$ 600,00	R$ 600,00	R$ 500,00	R$ 554,00	R$ 39,75
Lanche	R$ 200,00	R$ 230,00	R$ 240,00	R$ 260,00	R$ 270,00	R$ 270,00	R$ 200,00	R$ 240,00	R$ 27,39
Total	R$ 1.250,00	R$ 1.310,00	R$ 1.370,00	R$ 1.440,00	R$ 1.650,00	R$ 1.650,00	R$ 1.250,00	R$ 1.404,00	R$ 154,53

***Figura 32* – Resultados das funções Máximo, Mínimo, Média e Desvpad**

Na análise do resultado dos valores calculados na linha 4, observamos que o maior valor de gastos com padaria foi de R$ 150,00 (G4), que ocorreu no mês de janeiro. Já o menor valor foi de R$ 80,00 (H4), referente ao mês de maio. Além disso, a média de gastos, com padaria, foi de R$ 116,00 (I4), com um desvio-padrão de aproximadamente R$ 27,00 (J4). Numa análise estatística, utilizando pressupostos teóricos de que os dados têm distribuição normal, podemos afirmar que a média de gastos com padaria está entre R$ 89,00 e R$ 143,00. Esses valores foram aferidos de acordo com o cálculo da média menos um desvio (116-27=89) e da média mais um desvio (116+27=143). De fato, a maioria dos valores gastos com padaria, no período de janeiro a maio, está no intervalo de R$ 89,00 e R$ 143,00, aproximadamente.

No **quadro 2**, listamos outras funções comuns do Excel, entre as várias existentes.

Funções do Excel

Funções que podem ser aplicadas a intervalos de células com conteúdo numérico*

* Intervalo sugerido apenas para exemplificar.

Categoria	Função	Representação	Aplicação
Matemática e Trigonométrica	Soma	=soma(C6:C9)	Soma todos os valores do intervalo
	Raiz	=raiz(número)	Calcula a raiz de um número
	MMC	=mmc(C6:C9)	Retorna ao mínimo múltiplo comum entre os valores do intervalo
Estatística	Média	=média(C6:C9)	Calcula a média aritmética do intervalo
	Desvio-padrão	desvpad.a= desvpad (C6:C9)	Calcula o desvio-padrão dos dados
	Moda	=mod(C6:C9)	Identifica o valor de moda
	Máximo	=máximo(C6:C9)	Identifica o valor máximo do intervalo
	Mínimo	=mínimo(C6:C9)	Exibe o menor valor do intervalo
	Contar números	=cont.núm(C6:C9)	Conta o número de células com conteúdo numérico

Quadro 2 – **Funções do Excel**

A **moda** de um conjunto de valores é o valor que está em maior evidência ou tem maior quantidade de ocorrências. Para exemplificar, ao verificarmos a idade em um grupo de 15 pessoas, encontramos os seguintes valores: 20, 21, 22, 22, 22, 22, 23, 24, 24, 25, 26, 26, 27, 27 e 28. Observando esse conjunto, percebemos que o valor que mais se repete é 22. Esse então é o valor da moda dessas idades.

A função **média** do Excel corresponde a um único valor resumidor, que representa a média aritmética, ou seja, a soma de todos os valores de um intervalo dividida pela quantidade deles. Já o **desvio-padrão** mostra quanto os valores desse intervalo estão próximos ou não da média. Quanto maior o desvio-padrão, mais distante da média o intervalo de valores está. Quanto menor o desvio-padrão, mais próximos da média os valores do intervalo estão.

Exemplo: uma turma de alunos tem idade média de 18 anos e desvio-padrão de 1 ano. Isso quer dizer que nessa turma provavelmente a grande maioria dos alunos está com idade entre 17 e 19 anos. Já numa segunda turma, os alunos têm a mesma média de idade e desvio-padrão maior que 3 anos. Então, provavelmente, a grande maioria dessa turma tem idades entre 15 e 21 anos.

FUNÇÃO LÓGICA SE

Aplicamos a função SE quando queremos que o Excel analise automaticamente o conteúdo de uma célula por meio de uma condição. A condição funciona como uma pergunta que só tem duas respostas possíveis: sim ou não, que também podem ser entendidas como verdadeiro ou falso. Um exemplo de condição que pode ser representada no Excel usando a função SE é a nota de um aluno em uma disciplina: se a nota é maior ou igual a 7, então “Aprovado”; caso contrário, “Em recuperação”. Escrevendo em formato de fórmula, fica assim: SE(D4>=7; “Aprovado”; “Em Recuperação”). No exemplo, D4 é a célula que contém o valor da nota do aluno.

Nesse outro exemplo, a condição é avaliar se o total de despesa (B8) é maior que R$ 1.400,00. Então ele estará acima do orçamento. Caso contrário, estará dentro do orçamento.

Para iniciarmos a janela de função SE, primeiro clicamos na célula onde ficará o resultado da função. Em seguida, no símbolo *fx* na barra de função e, por último, escolhemos a função SE, que está localizada dentro da categoria de funções Lógico (**figura 33**).

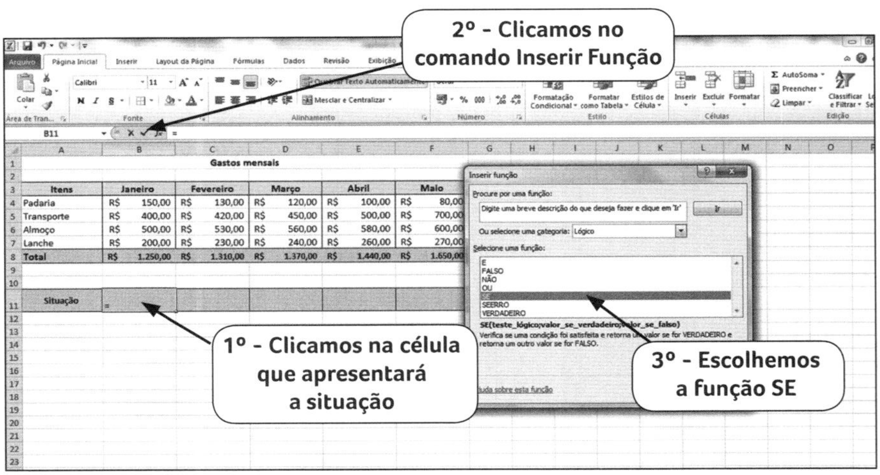

Figura 33 **– Inserir função SE**

No exemplo, queremos avaliar qual a situação do orçamento, na qual nossa condição avalia que, se a célula B8 for maior do que o valor R$ 1.400,00 (B8>1400), então o resultado será “Acima do orçamento”. Caso contrário, os valores de gastos por mês estarão “No orçamento”. Utilizando a ferramenta de assistente, as seções estão separadas da estrutura da função, como mostra a **figura 34**.

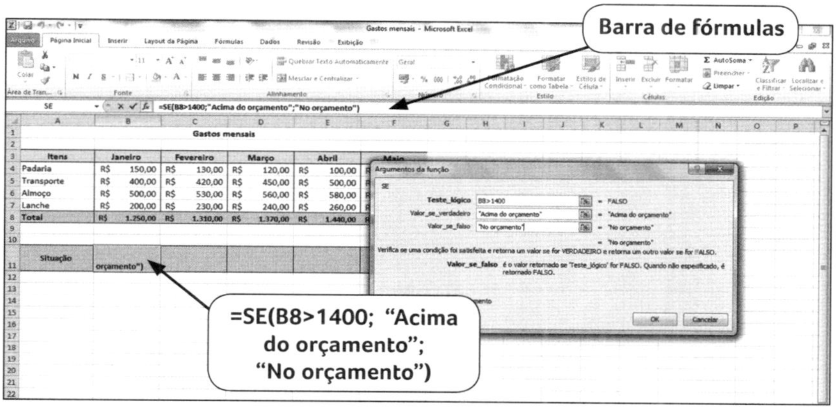

***Figura 34* – Uso da função SE**

A função ficará com a seguinte fórmula: =SE(B8>1400; “Acima do orçamento”; “No orçamento”). Ao copiarmos relativamente a função da célula B11 até F11, teremos uma análise da situação para cada gasto por mês, e as respostas dessa situação serão da avaliação do Excel sobre a situação do orçamento (**figura 35**).

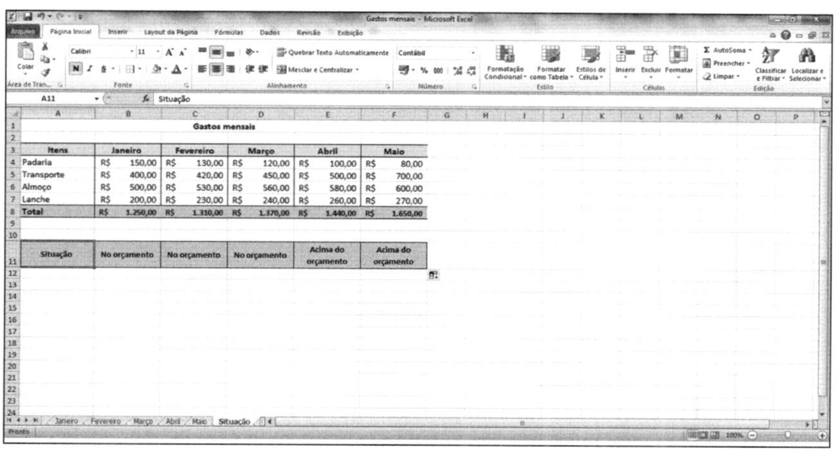

***Figura 35* – Uso da função SE**

Analisando os resultados da situação de gastos mensais, podemos avaliar que os meses de janeiro a março estão no orçamento, enquanto os gastos dos meses de abril e maio foram acima do orçamento. Com esses exemplos, podemos destacar a forma geral da função SE:

= SE(TESTE LÓGICO; "VALOR SE VERDADEIRO"; "VALOR SE FALSO")

Quanto ao teste lógico, listamos os operadores relacionais que podemos usar para construir as condições no **quadro 3**.

>	Maior do que
<	Menor do que
=	Igual a
>=	Maior ou igual a
<=	Menor ou igual a
<>	Diferente de

Quadro 3 **– Operadores relacionais**

Quanto ao "Valor SE verdadeiro" e ao "Valor SE falso", devemos colocá-los entre aspas quando o resultado da condição for um valor textual. É importante colocá-los entre aspas para que o Excel compreenda que a resposta apresenta todos os caracteres textuais. Já quando os resultados forem do tipo numérico, não é necessário o uso das aspas.

Gráficos de setores, colunas, barras e minigráficos

O gráfico possibilita uma apresentação visual que torna mais rápida e fácil a análise de dados numéricos. Podemos fazer gráficos de um conjunto de dados simples ou organizados em uma tabela. Para o Excel, é ideal definir pelo menos os títulos das colunas, para que o gráfico seja criado.

Na **figura 36**, temos o primeiro gráfico referente aos gastos com transporte no decorrer de 15 dias e, no gráfico ao lado, temos dados sobre o total de gastos por combinação de transporte diariamente. São as mesmas informações. Mas a sua análise fica deficiente quando inserimos gráfico de dados sem uma prévia organização.

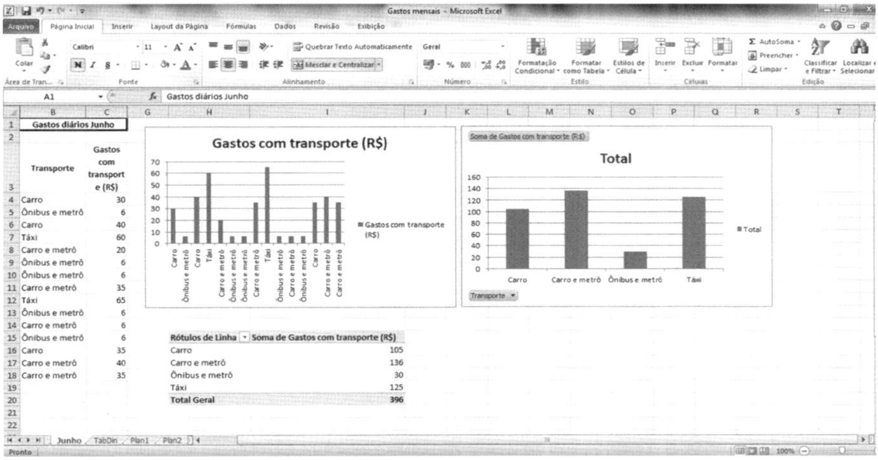

Figura 36 **– Faixa de opções da guia Página Inicial**

As opções de gráficos do Excel estão disponíveis na guia Inserir, onde encontramos várias sugestões. Os gráficos de colunas são os mais utilizados, seguidos pelo gráfico tipo Pizza e pelo de Linhas. Além dos tipos de gráficos sugeridos pelo Excel, temos versões disponíveis em duas dimensões (2D) e três dimensões (3D). É o caso do gráfico tipo Pizza.

O gráfico tipo Pizza também é conhecido como Gráfico de Setor e requer, no mínimo, uma coluna com dados numéricos. Para sua construção, o ideal é uma coluna com dados textuais e outra com dados numéricos, como no exemplo a seguir. Faremos um gráfico com a coluna "Itens", que representa uma variável com valores textuais, e a variável "Janeiro", que é uma variável numérica, pois seus resultados são números (**figura 37**). Então, primeiramente selecionamos o intervalo de células entre A3 e B7 para indicar ao Excel quais dados serão usados para gerar o gráfico.

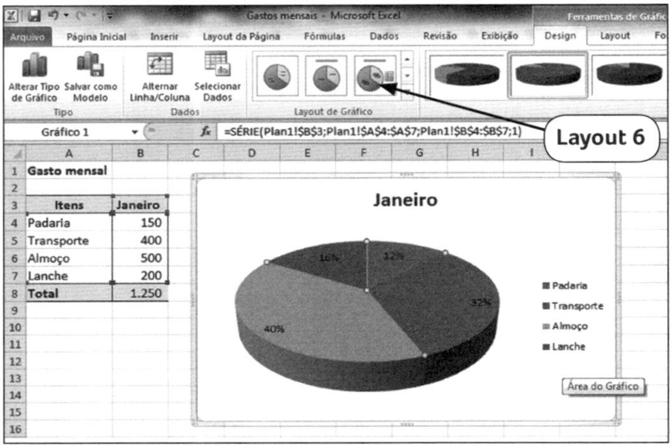

Figura 37 **– Modificando design de gráfico do tipo Pizza**

Depois, na guia Inserir clicamos no comando Pizza e escolhemos uma das opções de gráficos disponíveis. Nesse exemplo, o gráfico tipo Pizza mostra seus resultados (rótulos) na forma de percentuais. Conseguimos essa opção de formatação na nova guia Design, que aparece quando selecionamos esse gráfico. Nessa guia, no grupo Layout de Gráfico, escolhemos o Layout 6, que mostra o título, os rótulos em percentuais e a legenda à direta.

Já na guia Layout das opções de gráficos, encontramos o grupo Rótulos, no qual modificamos a posição de títulos, legendas e rótulos. No gráfico a seguir, foram adicionados o comando de Título do Gráfico e Mostrar Legenda Abaixo (**figura 38**).

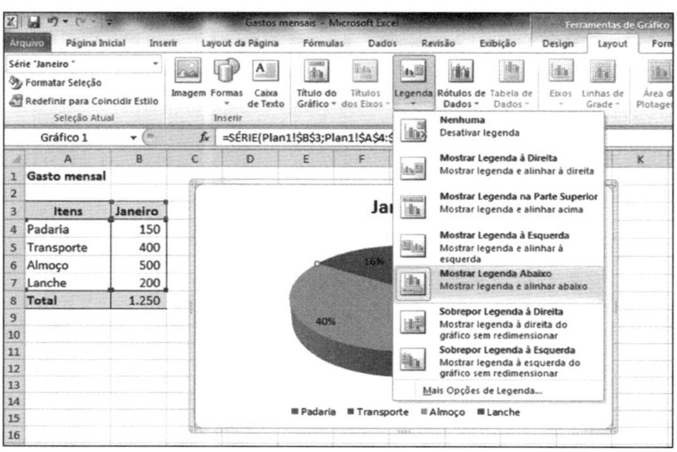

Figura 38 **– Guia Layout de Ferramentas de Gráfico**

Os gráficos de colunas podem utilizar mais de uma coluna de dados numéricos e mais de uma coluna de dados textuais. No exemplo da **figura 39**, selecionamos os dados da tabela no intervalo (A3:F7). Ou seja, uma coluna com dados textuais "Itens" e cinco colunas de dados numéricos: "Janeiro", "Fevereiro", "Março", "Abril" e "Maio". Em seguida, acessamos a guia Inserir e clicamos no comando do gráfico de coluna. O gráfico escolhido foi um primeiro exemplo de gráfico 3D.

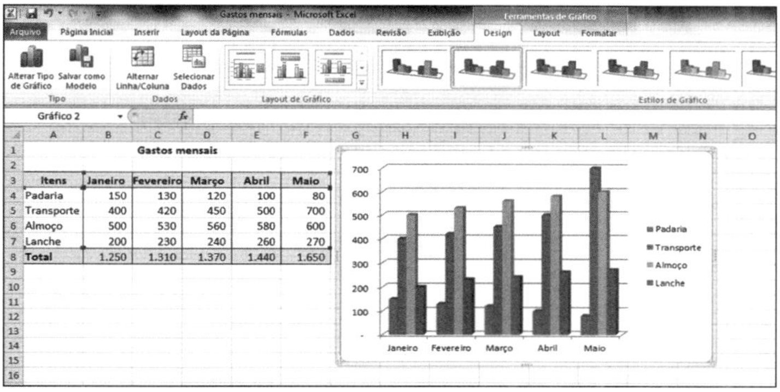

Figura 39 **– Tabela e gráfico de colunas**

A análise do gráfico da **figura 39** mostra que os gastos durante os meses se comportaram com um mesmo padrão, com exceção do mês de maio, em que o gasto com transporte foi maior que o gasto com almoço.

As formatações de gráficos ficam disponíveis após a criação do gráfico e a sua seleção. Abre-se uma nova guia em abas, chamada de Ferramentas de Gráfico, com três guias: Design, Layout e Formatar. Na guia Design, as modificações são para modelos. Na guia Layout, os gráficos sofrem modificação nas exibições e posições dos elementos do gráfico e, na guia Formatar, os comandos são voltados à formatação personalizada dos elementos do gráfico.

Com a guia Layout, podemos também exibir elementos como títulos do gráfico e títulos dos eixos vertical e horizontal. Nessa guia, podemos escolher as posições desses elementos. No exemplo a seguir, foram adicionados títulos no eixo horizontal (eixo x) e eixo vertical (eixo y) (**figura 40**).

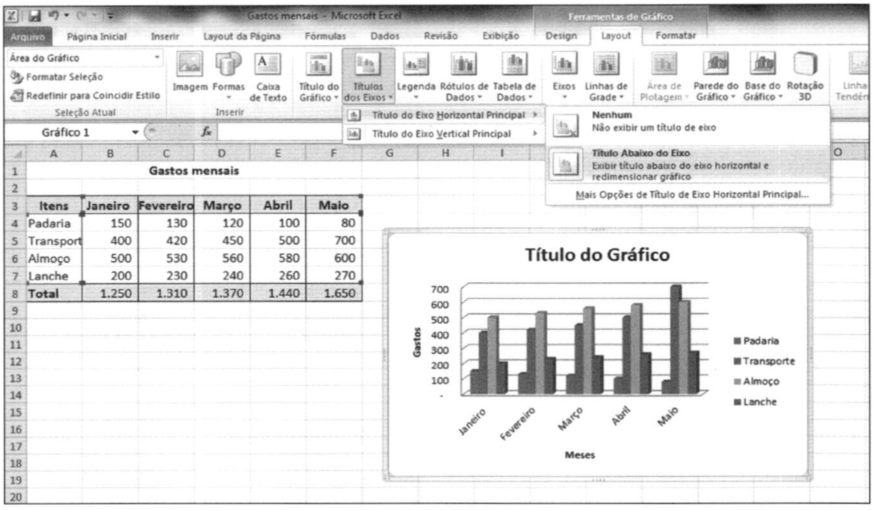

Figura 40 – **Exibir título do gráfico e título dos eixos horizontal e vertical**

Utilizamos a guia Formatar quando queremos personalizar algum elemento do gráfico, fazer uma formatação diferenciada. Depois de selecionarmos o elemento no gráfico, realizamos a personalização de elemento.

Trabalhar com gráficos de linhas é indicado quando queremos visualizar a variável em relação ao tempo, ou seja, em uma série histórica. No exemplo a seguir, o gráfico de linhas escolhido foi o 2D com marcadores, que avaliam os gastos no decorrer dos meses de janeiro a maio.

Com relação ao gráfico, podemos analisar que, nessa série histórica de janeiro a maio, os valores de transporte, almoço e lanche tiveram um crescimento constante, com exceção do gasto com transporte entre os meses de abril e maio, que foi explicado pelo uso do táxi. Já os valores gastos com padaria nesse período decresceram (**figura 41**).

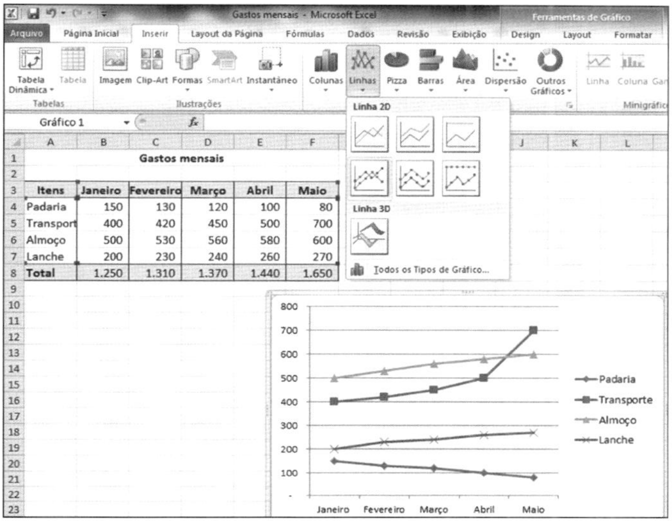

Figura 41 **– Tabela e gráfico de Linhas**

Outra opção de representação visual dos dados são os minigráficos. Seus resultados se localizam em uma única célula, ou seja, o minigráfico é reconhecido como plano de fundo da célula de planilha. Existem três tipos de minigráficos: os de Linha, os de Coluna e os de Ganhos/Perdas. Esses comandos estão disponíveis na guia Inserir.

No exemplo a seguir, faremos um minigráfico de Linha. Para isso, temos que selecionar uma célula vazia (G4), de preferência ao lado da tabela e na mesma linha dos dados brutos. Depois, iremos até a guia Inserir e escolheremos o comando Linha de Minigráficos e, na janela Criar Minigráficos, selecionamos o intervalo de dados (B4:F4). Como tínhamos selecionado a célula de destino, o Excel a identifica automaticamente (G4) na janela (**figura 42**).

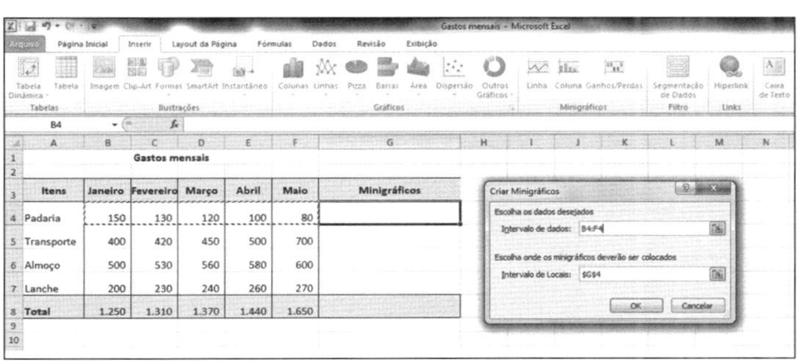

Figura 42 **– Inserir minigráfico de Linhas**

Para criar os minigráficos para o restante das linhas é só fazer a cópia relativa e arrastar até a célula G8. Podemos também modificar o design do minigráfico mostrando marcadores ou modificando o estilo. Essa opção está na guia Design das Ferramentas de Minigráfico (**figura 43**).

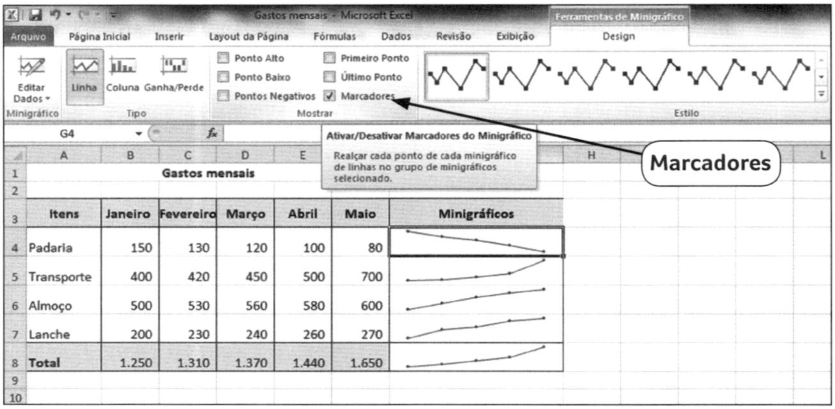

Figura 43 **– Design de minigráficos de Linhas**

Como os minigráficos mostram tendências em pouco espaço, eles são úteis especialmente em apresentações rápidas, cuja quantidade de detalhes tem de ser mínima. Os minigráficos podem ser aplicados numa apresentação instantânea dos dados, pois são de simples entendimento.

Configurar impressão e imprimir planilhas

Antes de executarmos a impressão, o ideal é que visualizemos o conteúdo da página. Essa opção é encontrada na guia Exibição ou na barra de status no canto inferior da janela do Excel. O modo de exibição Layout da Página é o ideal para visualizarmos o conteúdo da página de impressão. Outra maneira de visualizar é por meio da guia Arquivo, opção Imprimir. Na janela de impressão, também visualizamos as páginas da forma como serão impressas. Para mover as páginas de impressão, clicamos nas setinhas que estão localizadas no canto inferior dessa janela (**figura 44**).

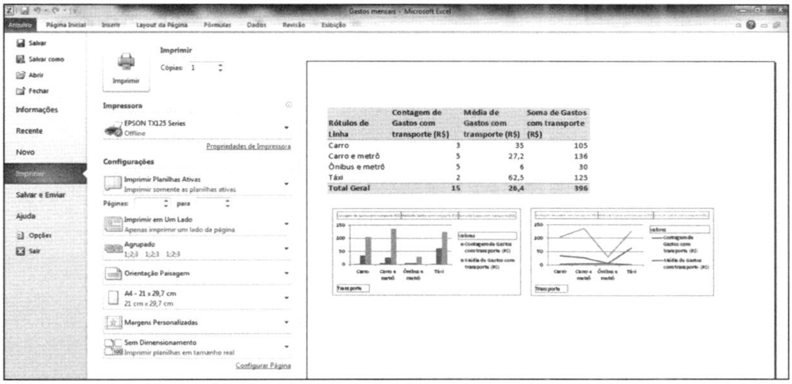

Figura 44 – **Janela de impressão da guia Arquivo**

Nela também podemos escolher a quantidade de cópias e quais as configurações da página de impressão. Na **figura 44**, foi modificada a orientação da página para imprimir os dois gráficos em uma mesma página.

Transportar objetos do Excel para o Word

Muitas vezes, quando precisamos preparar um relatório ou uma apresentação, faz-se necessário o transporte de objetos de um programa para outro. A forma mais fácil e interativa de realizar essa atividade é pelas funções Copiar e Colar.

Para exemplificar, usaremos a tabela e o gráfico mostrados na **figura 45**. Vamos transferi-los, com os comandos Copiar e Colar, para o Word. Inicialmente selecionamos as células referentes à tabela e copiamos. Em seguida, abrimos o Word e posicionamos o cursor no texto e colamos a tabela. Depois clicamos sobre o gráfico, para selecioná-lo, e fazemos o mesmo procedimento de copiar e colar.

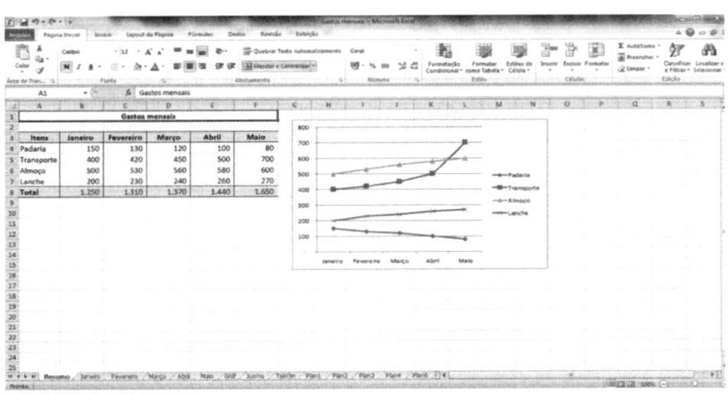

Figura 45 – **Planilha com resultados de tabela e gráfico**

O resultado dessa transferência está na **figura 46**. Nela, visualizamos o resultado das duas operações em um texto do Word. Note que, além dos objetos colados, foram colocados textos de títulos e fonte, além das análises.

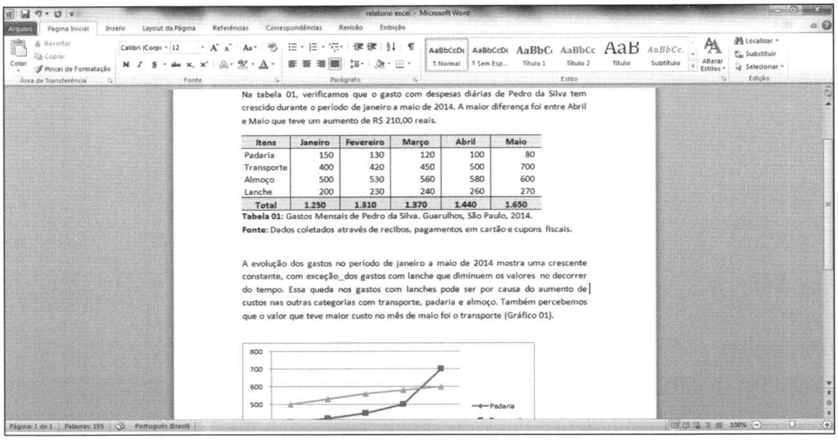

Na tabela 01, verificamos que o gasto com despesas diárias de Pedro da Silva tem crescido durante o período de janeiro a maio de 2014. A maior diferença foi entre Abril e Maio que teve um aumento de R$ 210,00 reais.

Itens	Janeiro	Fevereiro	Março	Abril	Maio
Padaria	150	130	120	100	80
Transporte	400	420	450	500	700
Almoço	500	530	560	580	600
Lanche	200	230	240	260	270
Total	**1.250**	**1.310**	**1.370**	**1.440**	**1.650**

Tabela 01: Gastos Mensais de Pedro da Silva. Guarulhos, São Paulo, 2014.
Fonte: Dados coletados através de recibos, pagamentos em cartão e cupons fiscais.

A evolução dos gastos no período de janeiro a maio de 2014 mostra uma crescente constante, com exceção_dos gastos com lanche que diminuem os valores no decorrer do tempo. Essa queda nos gastos com lanches pode ser por causa do aumento de custos nas outras categorias com transporte, padaria e almoço. Também percebemos que o valor que teve maior custo no mês de maio foi o transporte (Gráfico 01).

***Figura 46* – Objetos como tabelas e gráficos inseridos em um relatório no Word**

Quando inserimos uma tabela ou um gráfico do Excel no Word, não podemos nos esquecer de identificar cinco informações nesses objetos: 1) o tipo do objeto e sua numeração (Tabela01 ou Gráfico01); 2) do que se trata a informação (Gastos mensais de Pedro da Silva); 3) onde os dados foram observados (Guarulhos, São Paulo); 4) quando os dados foram coletados (2014); e 5) a fonte dos dados (Dados coletados em recibos, pagamentos em cartão e cupons fiscais).

PLANILHA ELETRÔNICA DO LIBREOFFICE - CALC

Até agora estudamos o Excel e suas ferramentas. Existem, porém, outros programas de planilha eletrônica no mercado, como o Calc, que faz parte do pacote do LibreOffice. O LibreOffice, assim como o Microsoft Office, é uma suíte de programas de escritório, mas de distribuição gratuita e código aberto. A partir da versão 3.4, o pacote adotou o nome de LibreOffice (anteriormente era nomeado como OpenOffice). Neste tópico, vamos comparar o Excel com o Calc da versão 4.2 do LibreOffice.

O Calc é destinado à criação de tabelas e gráficos, permitindo ao usuário a inserção de fórmulas e funções e auxiliando na elaboração de gráficos de acordo com os dados presentes na planilha de forma muito semelhante ao Excel.

Apresentação da tela do Calc

Na **figura 47**, a janela do Calc lembra muito as versões anteriores do Excel, onde as guias eram organizadas em menus e os comandos estavam localizados em barras de ferramentas. Outra diferença é que a planilha eletrônica do Excel abre três abas como padrão. No Calc, só temos uma na janela.

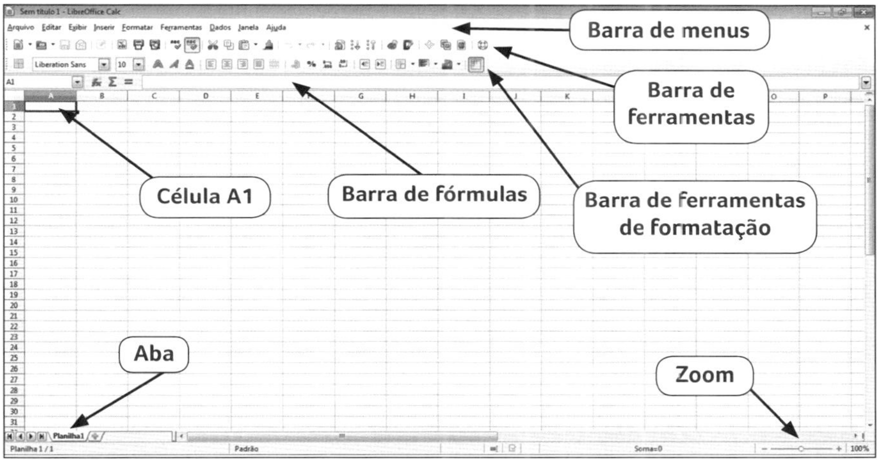

Figura 47 **– Tela do Calc**

As colunas são nomeadas com letras e as linhas com números. Do encontro de uma coluna com uma linha, formamos a célula, identificada pela letra da coluna seguida do número da linha, semelhante ao Excel. A inserção de dados nas células também se assemelha, bem como a movimentação dentro da planilha.

5

INTERNET

As redes de computadores permitem trocar mensagens de texto, enviar e receber documentos, compartilhar vídeos e conversar simultaneamente com várias pessoas, desde que estejam conectadas.

Com a internet, isso tomou proporções globais, em virtude de ela ser uma rede mundial de computadores. Melhor dizendo, ela é uma rede que interliga diversas outras localizadas ao redor do planeta. Na escola, no local onde trabalhamos, na praça de alimentação do shopping center ou mesmo em nosso computador pessoal podemos fazer parte dessa grande rede.

Para usarmos a internet, temos que ter acesso a uma rede. O acesso pode ser pago ou gratuito, dependendo da organização que provê esse serviço. As principais tecnologias usadas atualmente pelos provedores de internet são as redes de telefonia (ADSL), redes celulares 3G e 4G, rede sem fio Wi-Fi e rede de TV a cabo. Veja suas principais características no **quadro 1**.

Tecnologia	Rede	Características
ADSL	Usa a rede de cabos da telefonia fixa convencional. O assinante deve ter uma linha de voz fixa.	Extremamente dependente da qualidade dos fios telefônicos da rede do assinante.
3G e 4G	Usam a rede de telefonia celular.	Dependentes da qualidade e cobertura do sinal de celular. Sujeitas a variações das taxas de transmissão de dados.
Sem fio (Wi-Fi)	É necessária a instalação de antena apropriada na edificação do assinante do serviço. Esta deve estar alinhada com a antena do provedor.	Barreiras arquitetônicas e tempestades podem ocasionar perda de sinal.
Cabo	Utiliza a rede cabeada da TV por assinatura. Exige que o usuário seja assinante do serviço.	Na maioria das cidades brasileiras, a rede é recente, com cabos de alta qualidade. Costuma ser a rede mais estável em termos de variação das taxas de transmissão de dados.

***Quadro 1* – Tecnologias de rede**

Escolhida a tecnologia, um equipamento de comunicação possibilita que nosso computador ou rede possa utilizar os serviços da internet. Geralmente esse equipamento é um modem. Ele é que compatibiliza a tecnologia de comunicação da nossa rede ou computador com a tecnologia da rede de acesso à internet.

PRINCIPAIS SERVIÇOS

Usamos a internet em razão dos serviços que ela oferece. Atualmente, os mais usados são navegação (www), e-mail (correio eletrônico) e transferência de arquivos (FTP).

O principal deles é a World Wide Web (www), ou simplesmente web, que permite o acesso a páginas de hipertexto e navegação entre elas. Uma página de hipertexto ou hipermídia contém textos, imagens, vídeo e áudio e possibilita que, através de ligações (hiperlinks), acessemos outras páginas.

O processo de passar de uma página a outra é chamado de navegação. Com a web, escolhemos o nível de aprofundamento que queremos numa leitura ou pesquisa. Por exemplo: a partir de uma página sobre história do Brasil na década de 1940, podemos acessar outra sobre a participação da Força Expedicionária Brasileira na Segunda Guerra Mundial e, desta, acessar uma que explique as origens do conflito. Sem a internet e suas páginas de hipertexto, a pesquisa exigiria consulta a vários livros.

Dica ☺

Procure certificar-se da confiabilidade do conteúdo de uma página de internet. Descobrir quem mantém o site é um bom indicativo. Universidades e centros de pesquisa possuem sites com artigos, teses e dissertações de acesso público. Existe também o Google Acadêmico (disponível em http://scholar.google.com.br/?hl=pt-BR), que é um mecanismo de busca voltado para textos científicos. Lembre-se de que textos da internet podem ser referenciados em trabalhos escolares e acadêmicos, mas nunca copiados literalmente. Essa prática fere os direitos autorais de quem o produziu e é considerada plágio.

No serviço de correio eletrônico, enviamos e recebemos mensagens utilizando uma caixa postal mantida na internet. Devido a isso, recebemos mensagens mesmo que nosso computador esteja desligado. Cada caixa possui um endereço único em toda a internet, para garantir a entrega correta das mensagens. Podemos usar esse serviço através de programas próprios de correio, como o Outlook Express, ou através da própria web – o recurso de webmail.

Já o serviço de transferência de arquivos possibilita que copiemos arquivos do nosso computador para um servidor de FTP (File Transfer Protocol ou Protocolo de Transferência de Arquivos). Esse processo é denominado de upload.

Os arquivos copiados podem ser recuperados, ou seja, copiados do servidor para um computador no processo chamado de download. A vantagem desse serviço é que podemos manter arquivos copiados na internet e permitir o acesso a eles somente a pessoas autorizadas, já que o acesso só é liberado com o uso de uma senha. É uma forma de compartilhar grandes volumes de dados para um grupo de usuários, que têm a opção de copiar somente o que lhes interessa num determinado momento. Por exemplo, uma escola pode manter em um servidor FTP todos os materiais didáticos usados. Os alunos recebem uma senha que permite a eles fazer download dos arquivos que lhes interessam, à medida que forem precisando.

O acesso a um servidor de FTP pode ser feito através do Explorador de Arquivos, recurso mencionado no capítulo 2. Todo o processo de copiar e mover arquivos e pastas é feito da mesma forma. Na barra de endereços, colocamos o endereço do servidor de FTP e acessamos seu conteúdo.

Navegador (browser)

Para usarmos a web, precisamos de um programa específico denominado browser ou navegador. Com ele, acessamos as páginas de hipertexto e podemos começar a navegar. Atualmente, os programas mais utilizados com essa finalidade são Microsoft Internet Explorer, Google Chrome e Mozilla Firefox (NETMARKETSHARE, 2014).

Neste capítulo, veremos exemplos de uso tanto do Internet Explorer quanto do Google Chrome. Nas **figuras 1 e 2**, mostramos as janelas do Chrome e do Explorer, respectivamente. Olhando as duas telas, vemos que elas têm várias semelhanças. Isso facilita o aprendizado dos dois programas, pois muitas coisas que veremos funcionam da mesma forma em ambos.

Figura 1 **– Google Chrome**

Figura 2 **– Internet Explorer**

Endereços e hiperlinks

Para iniciar a navegação, precisamos saber o endereço onde se encontram as páginas que queremos acessar. Elas ficam organizadas em um site, que é basicamente o local que as armazena. O acesso então pode ser com o endereço do site ou com o endereço do site mais uma referência a uma página específica dele. Por exemplo, com o endereço www.senac.br, acessamos o site do Senac e é exibida no navegador sua página principal. Se usarmos o endereço www.senac.br/cursos/tecnicos.aspx, entramos diretamente na página dos cursos técnicos da instituição. Nas **figuras 3 e 4**, vemos exemplos desses dois acessos destacando a barra de endereços, que é onde digitamos o endereço.

Figura 3 **– Acesso ao site do Senac**

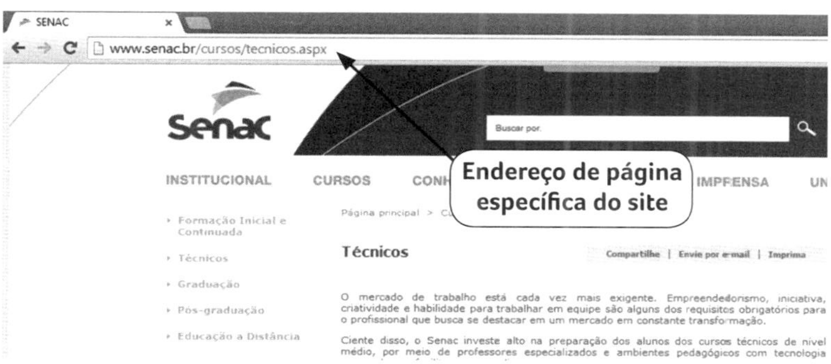

Figura 4 **– Acesso a uma página específica**

Outra forma de acessarmos um site ou página é através de um link. O link ou hiperlink pode estar presente num texto, imagem ou vídeo da página. Para identificá-lo, notamos a mudança no formato do ponteiro do mouse quando passamos sobre ele. Na **figura 5**, mostramos que o ponteiro assume o formato de uma mão com o dedo indicador apontando, quando o passamos sobre um link.

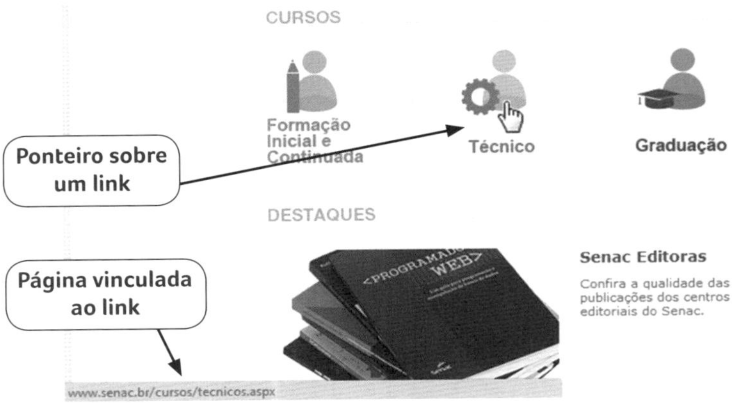

Figura 5 – **Ponteiro do mouse sobre um link**

Se clicarmos quando o ponteiro está indicando a presença de um link, acessaremos a página vinculada, que é mostrada na barra de status do navegador (**figura 5**). Nesse caso, o link estava associado a uma imagem, mas vale frisar que ele pode estar associado a um texto ou praticamente a qualquer objeto exibido na tela do navegador. O texto que é link para outra página costuma vir ressaltado com uma cor diferente, ou com sublinhado, ou com ambos (**figura 6**).

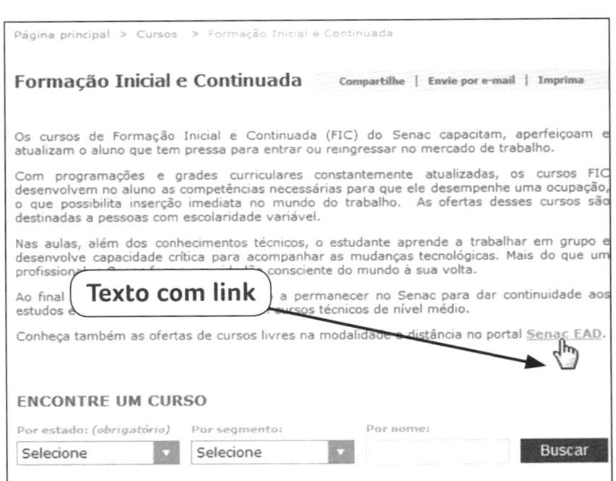

Figura 6 –
Link associado a um texto

Nos exemplos mostrados, usamos o Google Chrome, mas o procedimento é semelhante no Internet Explorer, que possui uma barra de endereços que funciona da mesma forma. Links de páginas também funcionam da mesma maneira, independentemente do navegador usado.

Ao navegarmos, vamos perceber que os endereços de internet, ou URL (Uniform Resource Locator – localizador-padrão de recursos), possuem uma regra de nomenclatura. Basicamente, o endereço possui a forma protocolo://domínio/caminho.

No endereço http://www.senac.br/cursos/tecnicos.aspx, http é o protocolo de transferência de páginas de hipertexto usado na web; www.senac.br é o nome do domínio da instituição Senac no Brasil. Tudo o que vier depois está hospedado nos computadores mantidos por essa organização. Para identificar qual conteúdo do domínio Senac queremos acessar, usamos o caminho. Nesse caso o caminho é /cursos/tecnicos.aspx, que indica que queremos acessar o arquivo tecnicos.aspx localizado na pasta cursos.

O nome do domínio é uma maneira de localizar e acessar recursos na internet sem precisar recorrer a endereços numéricos de rede. Ele é composto de caracteres que fazem a referência a quem detém ou mantém o serviço na internet. Voltando ao exemplo de nome de domínio www.senac.br, identificamos três nomes:

- www – indica se tratar de um domínio usado para armazenar páginas da web.
- senac – identifica a instituição que mantém o domínio.
- br – indica que o domínio está localizado no Brasil.

Outros domínios podem conter nomes com significados diversos. No **quadro 2**, listamos alguns mais usados:

com	Companhia, organização empresarial
edu	Educacional
adv	Advogado
gov	Organização governamental

***Quadro 2* – Domínios de internet**

Qualquer organização ou pessoa pode registrar um nome do domínio na internet. Em vários países, existem instituições responsáveis por fazer esse registro. No Brasil, o responsável é o Registro.br, que pode ser acessado no endereço https://registro.br/.

ENCURTADORES DE ENDEREÇOS DE INTERNET

Os encurtadores de endereço de internet, ou encurtadores de URL, permitem que endereços com muitos caracteres sejam acessados por versões menores relacionadas a eles. Para usar esse recurso, precisamos de um provedor do serviço. Existem vários na internet. Aqui no nosso livro, usaremos o Google URL Shortener, disponível no endereço http://goo.gl/. Nessa página, temos uma caixa onde colocamos o endereço original (**figura 7**).

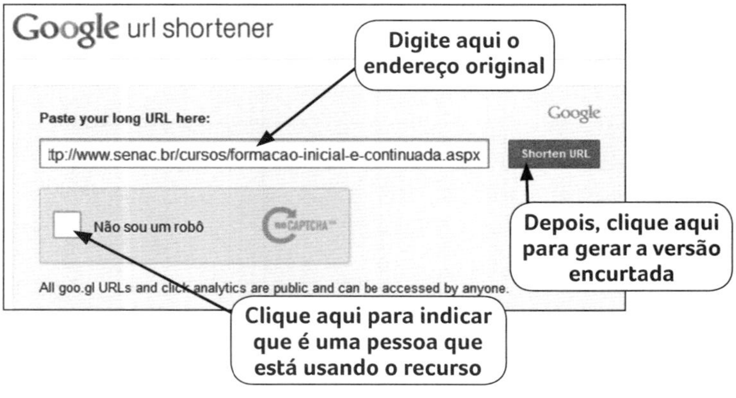

***Figura 7* – Página do serviço Encurtador de URL**

Depois clicamos na caixa de opção "Não sou um robô", para indicar ao Google que é uma pessoa que está acessando o serviço. Por último, clicamos em Shorten URL e uma versão encurtada do endereço é gerada (**figura 8**).

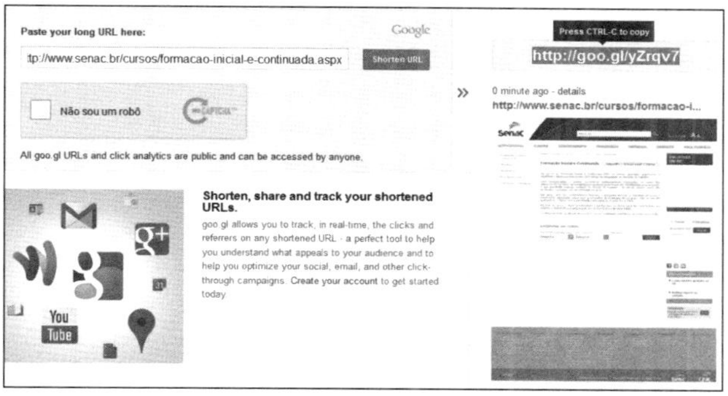

Figura 8 – **URL encurtada**

Agora podemos usar a URL encurtada http://goo.gl/yZrqv7 para acessar o endereço original http://www.senac.br/cursos/formacao-inicial-e-continuada.aspx.

131

Navegação

Os navegadores oferecem recursos para facilitar a consulta a páginas de hipertexto. À medida que entramos em links sucessivamente, podemos chegar num ponto em que queremos voltar às páginas anteriores. Para facilitar a visualização, podemos abrir uma página em uma nova janela ou guia do browser.

Esses recursos estão disponíveis em comandos próximos à barra de endereços. Na **figura 9**, destacamos os comandos Voltar e Avançar. Eles servem para voltar à página anteriormente visitada ou avançar à página seguinte, respectivamente. O comando Avançar só fica disponível após usarmos o Voltar. Para usá-los, basta clicar sobre eles.

Figura 9 – **Comandos Voltar e Avançar**

Se mantivermos o clique sobre um desses comandos, será exibido um histórico das páginas anteriores ou seguintes, de acordo com o comando escolhido. Na **figura 10**, o histórico de páginas anteriores é mostrado ao mantermos o clique sobre o comando Voltar.

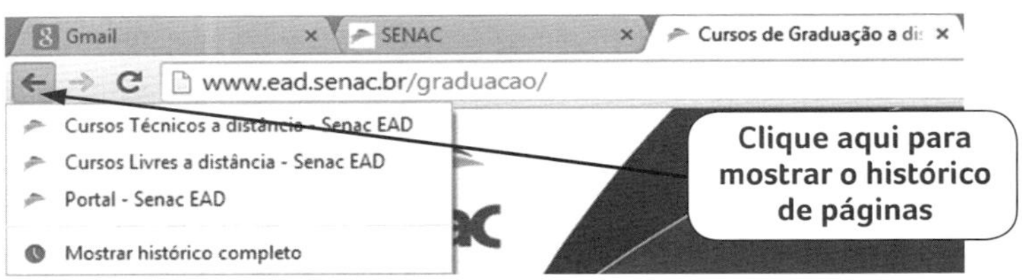

Figura 10 – **Histórico de páginas**

Outro comando disponível, próximo à barra de endereço, é o Recarregar, representado por uma seta em movimento circular. Ele é usado para forçar um novo download da página corrente. Isso é importante quando, por algum problema, a página não foi totalmente exibida ou quando ela sofre atualizações constantes, a exemplo de portais de notícias.

Quando quisermos interromper o download de uma página, usaremos o comando Parar. Ele fica no mesmo local do comando Recarregar enquanto a página está sendo carregada. Os navegadores atuais permitem que visualizemos várias páginas em uma só janela do programa. Isso é possível com o uso de guias. Cada uma delas funciona de forma independente, e nelas usamos os comandos Voltar, Avançar, Recarregar e Parar, atuando somente sobre a guia em que estamos trabalhando. Para abrir uma nova guia, clicamos sobre uma aba que aparece após a guia mais à direita na janela do navegador. Para fechá-la, clicamos sobre o comando Fechar Guia, representado por um X.

Busca

Pesquisar conteúdos na internet é uma tarefa bastante comum. Ao utilizarmos o mecanismo de busca, podemos ter acesso a textos e imagens relacionados ao assunto que pesquisamos. A busca nos dá acesso a uma infinidade de páginas de hipertexto. O principal mecanismo de busca usado atualmente é o Google. Além da busca por texto, o site oferece a busca de imagens e serviços como mapas, notícias, shopping, livros e aplicativos.

Ao fazer uma busca, não precisamos nos preocupar com o uso de letras maiúsculas em iniciais de nomes próprios e com a ortografia, pois, caso haja um erro, o Google sugere a forma correta da palavra. A busca pode ser feita através de uma única palavra. Nesse caso, os resultados da pesquisa retornarão a termos mais abrangentes. Caso haja necessidade de pesquisar uma frase, podemos utilizar as aspas no início e no final da digitação para indicar ao site de busca que a pesquisa deve encontrar, nas páginas hipertextuais, a frase exatamente como está escrita.

No exemplo a seguir, buscaremos informações sobre os cursos oferecidos pela rede Senac. Iniciaremos a pesquisa com o texto simples senac. Nesse caso, os resultados são uma lista de sites relacionados à instituição em todo o país, e possivelmente um desses resultados pode atender a nossa necessidade (**figura 11**). Depois de digitar a palavra da busca na caixa de texto, damos Enter para iniciar a pesquisa.

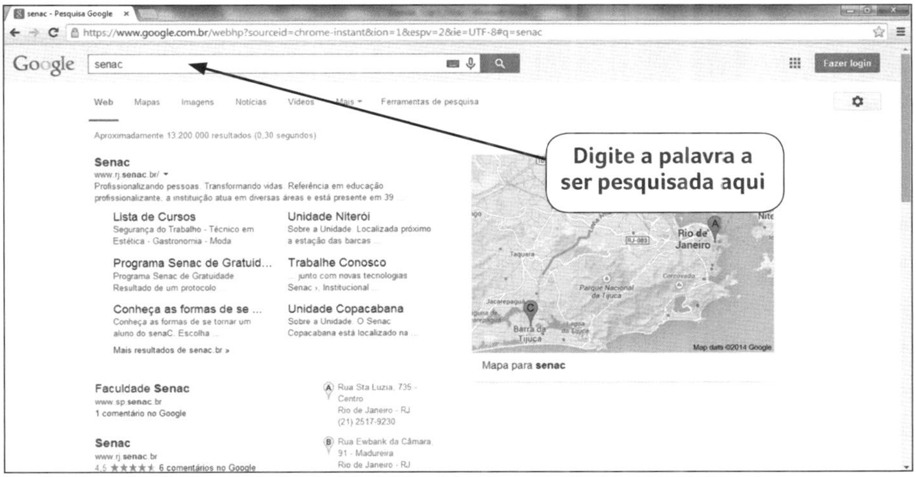

***Figura 11* – Busca pelo assunto Senac**

Para restringir a pesquisa, adicionamos ao termo outras palavras descritivas: senac, cursos, técnicos e nacional. Perceba que não priorizamos a ordem, nem a letra inicial em maiúscula, nem a pontuação. O resultado dessa pesquisa trará informações sobre a combinação de todas as palavras sem restrições de ordem na web.

Com o mesmo texto, senac, faremos a busca por imagens. Para isso, basta clicar na opção Imagens, disponível na página do Google (**figura 12**). Como resultado, visualizamos várias imagens referentes ao tema da busca, no caso logomarcas do Senac. Cada imagem representa um link de uma página na internet.

Figura 12 – **Buscar imagens**

Para salvar uma imagem em nosso computador, podemos clicar com o botão direito do mouse sobre ela para termos acesso ao menu de contexto. Em seguida, clicamos na opção Salvar Imagem Como, e, na janela Salvar Como, escolhemos o local e o nome do arquivo.

Copiar e colar conteúdos

Para trazer informações da internet para arquivos no Word, planilhas no Excel ou apresentações no PowerPoint, selecionamos o conteúdo desejado e, em seguida, damos os comandos Copiar e Colar. Esses conteúdos podem ser do tipo texto ou imagem. A cópia pode ser feita clicando-se com o botão direito do mouse acima da parte selecionada. Esse comando abrirá um menu de contexto com várias opções, uma delas é Copiar, como mostra a **figura 13**.

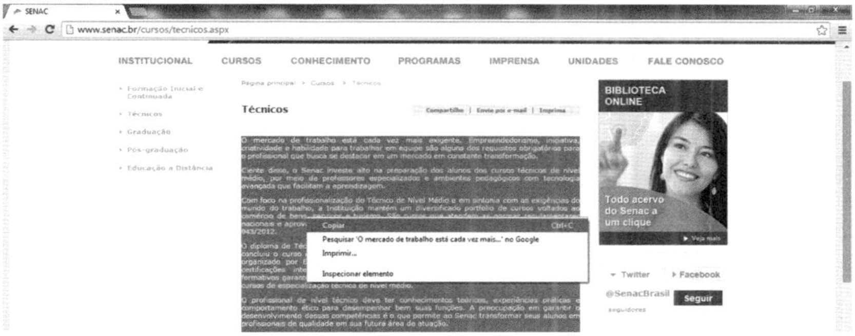

***Figura 13* – Selecionar e copiar da internet**

Após copiar o conteúdo, podemos colá-lo em um arquivo do Word. Nesse programa, posicionamos o cursor e, usando o comando Colar, presente no grupo de comandos Área de Transferência, trazemos o texto da internet.

É importante mencionar que tanto as imagens quanto os textos, ao serem colados, podem estar com referências de hiperlinks. Dessa maneira, ao posicionarmos o cursor sobre esse objeto, é exibido um link. Outra maneira de observarmos é através da formatação diferenciada com a mudança de cor e o sublinhado no texto. Para retirarmos esse atributo, é só clicar com o botão direito do mouse sobre esse conteúdo e escolher a opção Remover Hiperlink (**figura 14**).

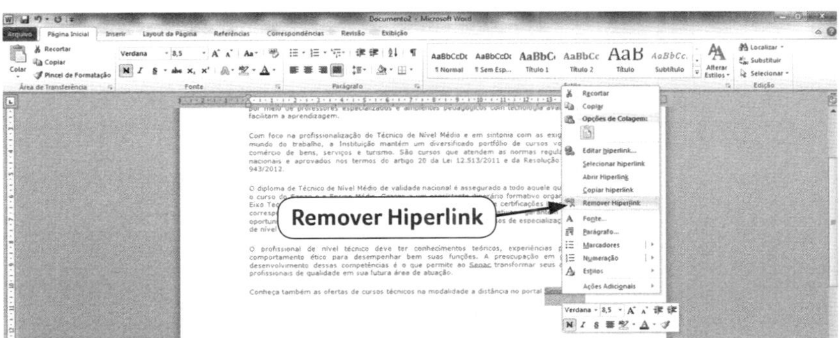

***Figura 14* – Remover Hiperlink**

Outra questão importante a ser observada é que o texto, quando copiado e colado da internet, pode manter a formatação do site de origem. Se desejar que o texto tenha outra formatação, com alteração de fonte, tabulações e espaçamento, devemos usar o comando Colar Especial (disponível no grupo Área de Transferência), opção Texto Não Formatado.

CRIAR CONTA DE E-MAIL

O serviço de correio eletrônico (electronic mail ou e-mail) é usado para enviar e receber mensagens. Estas podem conter textos, imagens, vídeos, entre outros conteúdos. O ponto de partida para usar o serviço é a criação de uma conta, associada a uma caixa postal que armazena todas as mensagens recebidas e enviadas e é mantida por um provedor do serviço de correio.

O passo seguinte à escolha do provedor é a definição do nome de usuário e de uma senha de acesso. Com isso, temos um endereço de correio eletrônico. Esse endereço possui o formato geral *nome_usuário@nome_do_provedor*, em que nome_usuário é um nome definido por nós e nome_do_provedor é o endereço de internet usado pelo mantenedor do serviço de correio. O nome de usuário precisa ser único no provedor escolhido. No **quadro 3**, listamos alguns endereços de correio identificando o nome do usuário e o do provedor.

Endereço de e-mail	Nome do usuário	Provedor do serviço
ivanmaxlacerda@gmail.com	ivanmaxlacerda	gmail.com
tasiadovale@yahoo.com.br	tasiadovale	yahoo.com.br

Quadro 3 **– Endereços de e-mail**

Como exemplo, para criar uma conta, utilizaremos o Gmail, que é o serviço de correio eletrônico do Google. Ele funciona na web, então podemos usar o navegador para acessar seus recursos. Basicamente, temos duas formas de acessá-lo: através do endereço www.gmail.com ou por um link existente na página do Google (**figura 15**).

Figura 15 **– Acesso ao Gmail**

Após clicar no link do Gmail, entramos na sua página de abertura. Na **figura 16**, ao clicar no link Criar uma Conta, iniciamos o procedimento para criação de uma conta de correio.

Figura 16 **– Iniciar a criação da conta**

Depois disso, é aberta uma página de cadastro. São solicitadas várias informações, como nome, sobrenome, nome de usuário e senha, além de outros dados pessoais. Nesse cadastro, precisamos ter cuidado com a escolha do nome de usuário e da senha. O nome de usuário tem de ser único no Gmail. Se digitarmos um nome já existente, será mostrada uma mensagem indicando que alguém já o escolheu. Nesse caso, o próprio servidor irá sugerir nomes semelhantes disponíveis. Já a senha, devemos definir uma que contenha letras e números e com pelo menos oito caracteres, para torná-la mais segura. A senha é digitada duas vezes para conferência, no campo Criar uma Senha e depois no campo Confirme sua Senha.

Após criar nosso e-mail, é indicado que anotemos o nome de usuário e a senha, pelo menos até que fique bem usual, pois é comum o esquecimento de alguma letra ou número, impossibilitando assim um acesso futuro à caixa de correio.

Enviar, receber, responder e encaminhar mensagem

Criada nossa conta, podemos agora usá-la para enviar e receber mensagens. Na página do Gmail, clicamos sobre o link Escrever para iniciar o processo de envio de uma mensagem (**figura 17**).

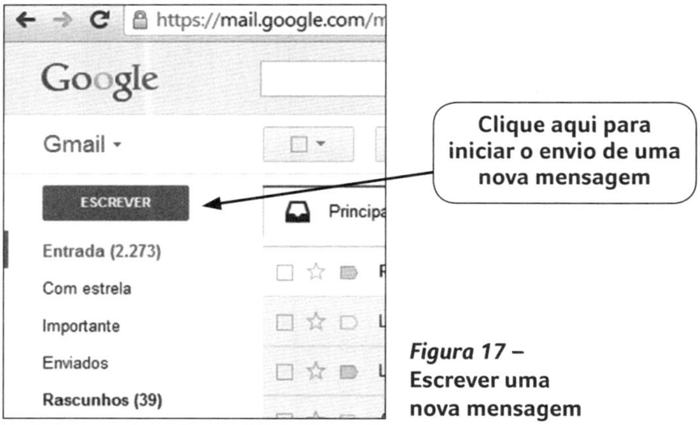

***Figura 17* – Escrever uma nova mensagem**

Após clicar em Escrever, será aberta uma janela para informarmos o endereço de e-mail do destinatário, o assunto e o conteúdo da mensagem. Na **figura 18**, mostramos um exemplo da mesma janela com esses dados preenchidos. Feito isso, basta clicar no link Enviar, que a mensagem será remetida.

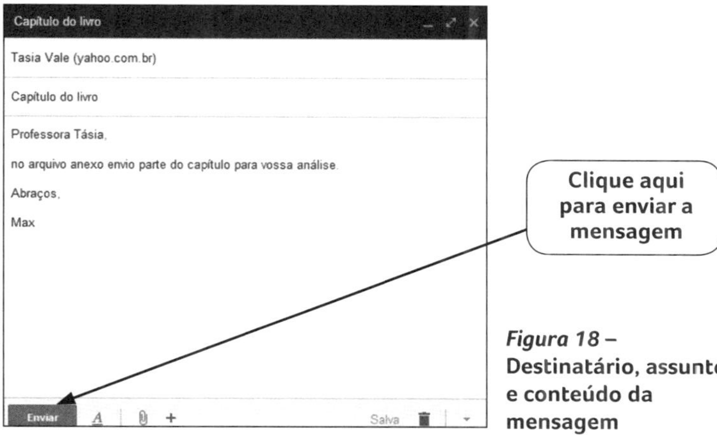

Figura 18 – **Destinatário, assunto e conteúdo da mensagem**

Ao receber uma mensagem de correio, ela ficará disponível na caixa de entrada (**figura 19**). Para ler a mensagem basta clicar sobre o link de seu assunto.

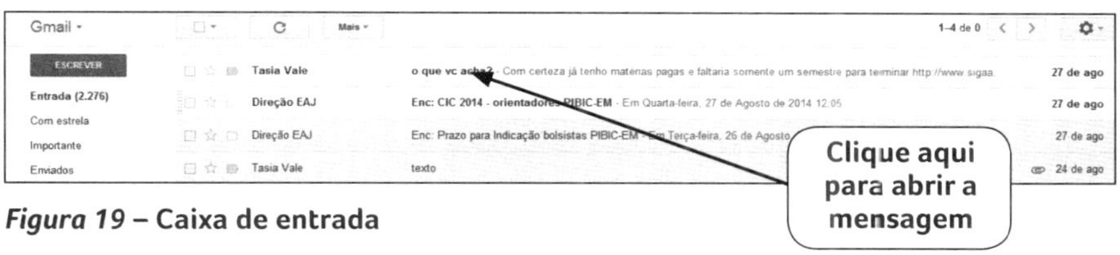

Figura 19 – **Caixa de entrada**

Com a mensagem aberta, vemos o seu conteúdo. Se for preciso, a partir desse ponto, podemos responder ao remetente ou encaminhar o e-mail a outra pessoa. Para responder, clicamos sobre o link indicado na figura.

Será aberto um quadro, já com o endereço do destinatário preenchido com o do remetente da mensagem original, e um espaço para digitarmos o conteúdo. Com o conteúdo pronto, basta clicar em Enviar, que o e-mail será remetido como resposta. Contudo, se quisermos enviar a mensagem a outro endereço de correio, deveremos usar o recurso Encaminhar. Clicando sobre o link mostrado na **figura 20**, acessamos um menu de opções relacionadas à mensagem recebida. Através desse menu, podemos responder, encaminhar, imprimir, excluir, entre outras opções de tratamento de e-mail.

Figura 20 **– Menu de opções da mensagem**

Então, para encaminhar uma mensagem, clicamos na opção Encaminhar e um quadro semelhante ao de Responder é aberto. Indicamos o endereço para o qual desejamos encaminhar o e-mail. Podemos acrescentar conteúdo adicional ao da mensagem original e depois clicamos em Enviar para finalizar.

Dica ☺

Quando respondemos a uma mensagem que foi enviada para várias pessoas, temos a opção de Responder a todos. Ao escolher essa opção, nossa resposta não será enviada somente ao remetente da mensagem, mas para ele e para todos os outros destinatários. Isso nem sempre é necessário. Por exemplo, uma mensagem que pede confirmação de recebimento. Muitas vezes, somente o remetente precisa saber que você recebeu e leu o e-mail. Enviar essa confirmação para todos os destinatários pode ser entendido como spam, termo usado para designar e-mail que é enviado para várias pessoas que não desejam receber aquela mensagem.

Anexar arquivos

É muito comum precisarmos enviar arquivos armazenados no computador junto com nossa mensagem. Esse procedimento é chamado de anexar arquivo. Fotos de uma viagem, documentos produzidos no Word ou Excel, entre outros arquivos, podem ser remetidos a um endereço ou a um grupo de destinatários. Para anexar um ou mais arquivos a um e-mail, clicamos no link representado por um clipe. Após clicarmos, a janela para selecionar os arquivos será aberta (**figura 21**).

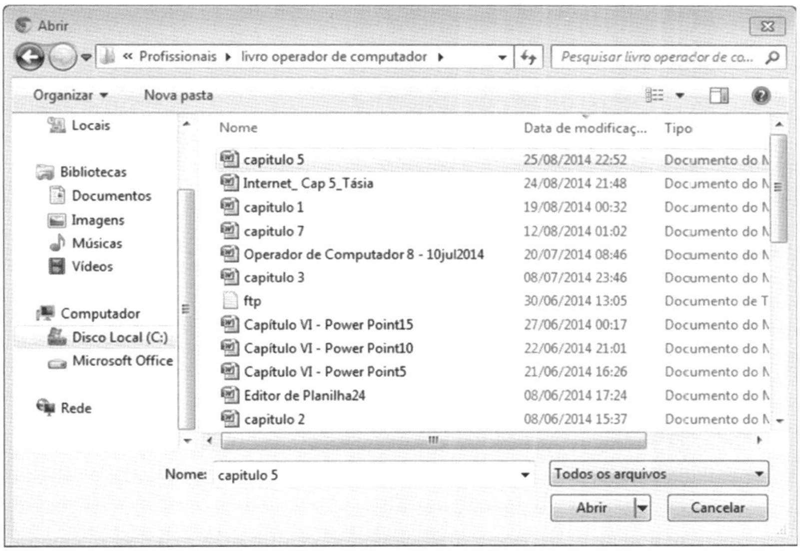

***Figura 21* – Janela para selecionar arquivos**

Selecionado o arquivo (ou arquivos), basta clicar no comando Abrir, que ele será anexado à mensagem.

Spam

O recurso de enviar uma mensagem a várias pessoas sem a solicitação ou concordância delas é conhecido como spam. Trata-se de uma estratégia utilizada por vários tipos de empresas para a divulgação de seus produtos e serviços. Muitas vezes, porém, os destinatários não desejam receber essas comunicações. Além do incômodo, o spam gera um fluxo de dados desnecessário que causa impacto no desempenho das redes e diminui a produtividade de funcionários.

O desempenho da rede é afetado, pois cada mensagem precisa ser recebida, processada e enviada aos destinatários. Dessa forma, o serviço de correio aloca tempo e recursos para tratar uma mensagem indesejada.

Já a produtividade é afetada, pois os funcionários vão abrir e ler mensagens que não são do seu interesse. Para atenuar o impacto na produtividade de funcionários, muitos serviços de correio eletrônico possuem filtros antispam. Após identificar mensagens com características de spam, eles atuam de duas formas: as armazenam em uma pasta específica ou enviam um e-mail de confirmação para o remetente.

O Gmail, por padrão, usa a opção de armazenar em uma pasta específica (**figura 22**).

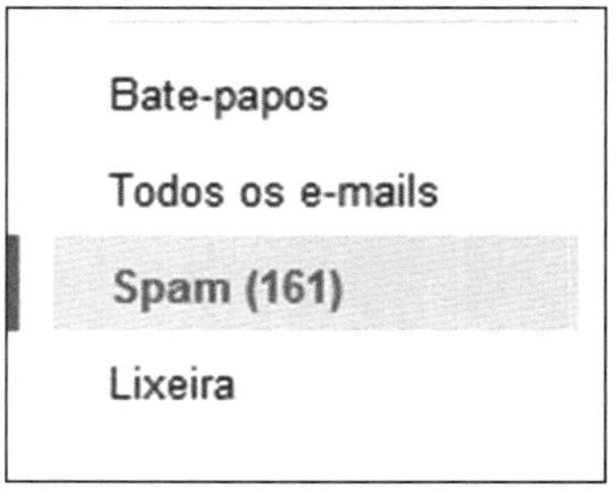

***Figura 22* – Pasta Spam**

Ao usar o correio eletrônico, também podemos contribuir para a diminuição de mensagens indesejadas. Duas práticas simples podem ser adotadas. A primeira é evitar responder a todos os destinatários de uma comunicação quando só o remetente precisa ser contatado. Por exemplo, uma mensagem convocando para uma palestra é enviada a 300 funcionários de uma empresa. No corpo da mensagem, pede-se que seja confirmada a presença. Em vez de escolher Responder a Todos para confirmar, escolha somente Responder. Dessa forma, só o remetente da mensagem receberá a confirmação. Ao escolher Responder a Todos, a confirmação será enviada aos outros 299 funcionários que não precisam recebê-la. Se todos tomarem a mesma decisão, teremos 89.700 (300 vezes 299) mensagens desnecessárias trafegando pela rede!

A segunda medida é usar o recurso de envio com cópia oculta. A cada e-mail remetido, podemos escolher enviá-lo com cópia para outros destinatários. Os endereços de correio dos destinatários da cópia podem ficar visíveis ou ocultos. Quando queremos que fiquem visíveis, enviamos Com Cópia (Cc), e Com Cópia Oculta (Cco), quando não desejamos deixar os endereços visíveis.

Na **figura 23**, mostramos os links para envio Com Cópia e Com Cópia Oculta.

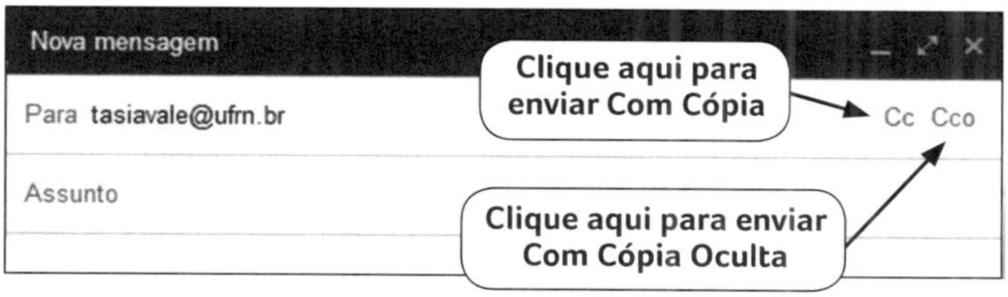

***Figura 23* – Enviar Com Cópia e Com Cópia Oculta**

Para entendermos como o envio de e-mail para várias pessoas Com Cópia Oculta diminui a incidência de spam, retomaremos o exemplo da mensagem para convidar 300 funcionários para uma palestra, que pedia confirmação da presença. Se colocarmos os 300 endereços de correio dos funcionários no campo Cco, mesmo que um destinatário escolha Responder a Todos, somente o endereço principal da mensagem receberá a confirmação. Isso ocorre porque os endereços dos outros destinatários não estão acessíveis para receber essa mensagem.

Segurança na rede

Veremos agora alguns procedimentos básicos de segurança no uso de computadores e da internet. São procedimentos simples, mas que muitos usuários não os seguem e acabam tendo problemas sérios, como perda de dados pessoais e bancários, quebra de sigilo de senhas, invasão de privacidade etc.

A primeira medida consiste em manter versões atualizadas dos programas de navegação e de antivírus. Eles possuem recursos para atualização automática, desde que estejamos conectados à internet. Certifique-se de que essa opção esteja habilitada nesses programas. Mantendo sempre a última versão, garantimos atualizações contra as ameaças mais recentes à segurança no uso da internet.

Ao navegar em sites de bancos ou comércio eletrônico, nos quais precisamos informar números de cartão, documentos pessoais e senhas de acesso, devemos observar se estamos numa conexão segura. Verificamos isso através do ícone de um cadeado exibido no canto esquerdo da barra de endereço do navegador.

Não acesse o conteúdo de mensagens de e-mail de origem duvidosa, principalmente se houver links ou arquivos anexos. Em muitos golpes na internet, uma mensagem é enviada como se fosse emitida por alguma instituição bancária ou de crédito. Nessas mensagens, um link direciona o usuário a uma página falsa onde são requisitados dados pessoais e de cartões bancários ou de crédito. Existem também comunicações de e-mail com arquivos anexos que, se forem acessados, instalam programas maliciosos no nosso computador. Esses programas podem monitorar nossas atividades na internet e, da mesma forma, comprometer dados sigilosos pessoais.

Ao efetuar compras via internet, certifique-se da idoneidade da empresa de e-commerce. Usando um site de busca pesquise opiniões de compradores a respeito dos serviços que ela presta. Entre em contato com pessoas conhecidas, que já tenham comprado nesse site, para saber se já houve alguma reclamação.

Normas de boa convivência na rede (*netiqueta*)

Regras de convivência e boa conduta são necessárias também no ambiente da internet. Conhecidas como *netiqueta*, essas orientações são adotadas nas diferentes comunidades de usuários. Vejamos algumas delas:

- Escrever textos usando somente letras maiúsculas indica que estamos sendo agressivos com o destinatário da mensagem. Use letras maiúsculas somente nas situações em que a gramática indica.
- Não dissemine spam. Nunca repasse correntes, mensagens publicitárias ou de cunho extremamente particular à sua lista de endereços completa. Mensagens de confirmação devem ser enviadas somente para o remetente, a não ser que exista orientação explícita de agir de forma diferente.
- Em mensagens profissionais de correio eletrônico, evite o uso de gírias, palavrões, siglas e abreviações próprias da linguagem da internet.

- Nunca use imagens e textos que possuam direitos autorais, a não ser que estes tenham sido liberados pelo detentor dos direitos. Caso sejam de domínio público, deve-se sempre citar a fonte do conteúdo.

6

EDITOR DE APRESENTAÇÕES

O editor de apresentações é uma plataforma com vários recursos visuais e sonoros que possibilita exibir informações de maneira a despertar o interesse das pessoas.

Com esse aplicativo, podemos produzir trabalhos dinâmicos para fins profissionais ou acadêmicos, com inserção de fotografias, filmes, vídeos, músicas, animação, entre outros recursos.

O acesso ao programa é pelo menu Iniciar do Windows, na opção Todos os Programas, pasta Microsoft Office. Em seguida, clicamos na opção Microsoft PowerPoint (**figura 1**).

Ao iniciar o PowerPoint, há duas áreas de trabalho na janela. A maior, slide atual ou slide de título, mostra uma tela-padrão em que manipulamos os elementos. A outra área é a de painel de slides, em que visualizamos a série de telas da apresentação minimizada. Além disso, temos a área de anotações, que nos auxiliará na organização das informações referentes ao slide. Nesse caso, não é necessário nos preocuparmos, pois as anotações não serão visualizadas na hora da apresentação (**figura 2**).

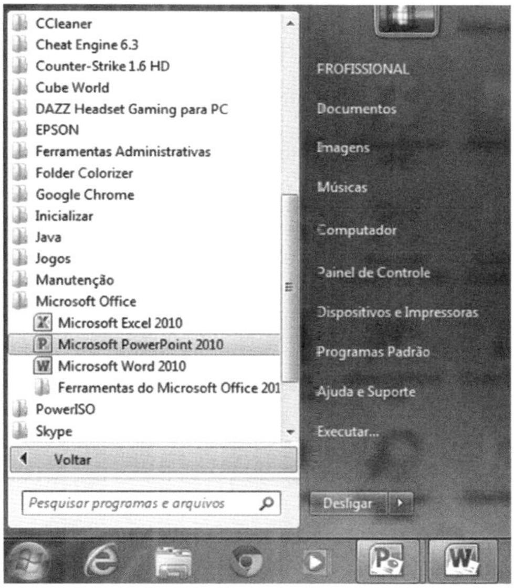

Figura 1 **– Iniciar o PowerPoint**

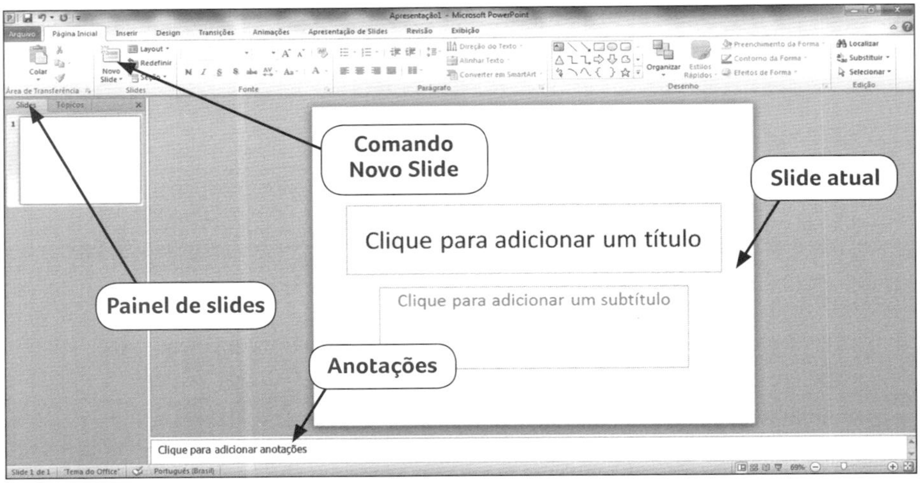

Figura 2 **– Janela inicial do PowerPoint**

Note que, para preparar nossa apresentação, usaremos o comando Novo Slide, que se encontra na guia Página Inicial. Esse comando possibilita a criação de novos slides. O conjunto desses slides formará nossa apresentação. Além disso, as áreas Painel de Slides e Slide Atual servirão para acompanharmos a posição e a quantidade dos slides.

MINHA PRIMEIRA APRESENTAÇÃO

No exemplo a seguir, faremos uma pequena apresentação sobre o tema Água. O subtema será a utilização desse elemento no nosso cotidiano. Para essa apresentação, escolheremos slides com layouts diversos: com títulos e com títulos e caixas de conteúdos.

A apresentação terá vários slides. No primeiro, o layout é o padrão que o PowerPoint abre e é nomeado Slide de Título. Nele, nós digitamos o texto do título, "Água", e o subtítulo, "Usos e desusos no cotidiano" (**figura 3**).

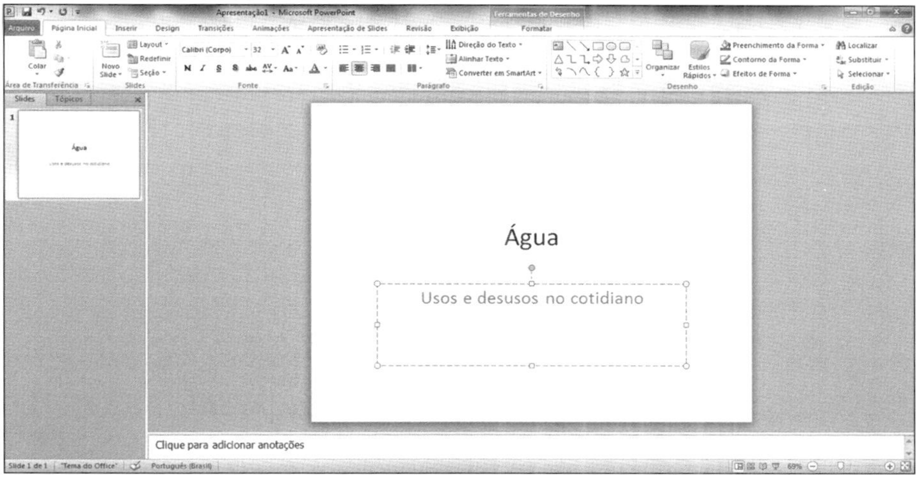

***Figura 3* – Primeiro slide (layout Slide de Título)**

Ao adicionarmos um segundo slide, por meio do comando Novo Slide da guia Página Inicial, abre-se automaticamente o layout de Título e Conteúdo, como mostra a **figura 4**. Podemos, porém, escolher outro layout clicando na setinha ao lado do comando Novo Slide. Teremos acesso, então, a várias opções de layouts de slides: Slide de Título; Título e Conteúdo; Cabeçalho da Seção; Duas Partes de Conteúdos; Comparação; Somente Título; Em Branco; Conteúdo com Legenda; e Imagem com Legenda.

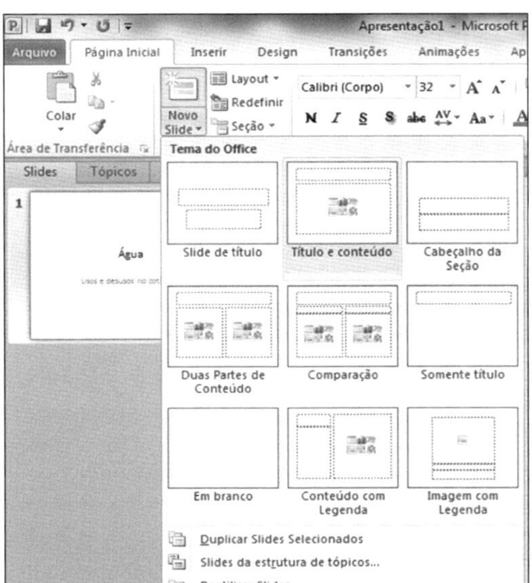

***Figura 4* – Layouts de slide**

Ao adicionarmos um novo slide, o PowerPoint insere automaticamente um slide com layout Título e Conteúdo. Nesse caso, temos a possibilidade de trabalhar com texto, tabela, gráfico, elemento gráfico SmartArt, imagem de arquivo, Clip-art e clipe de mídia. Todas essas opções estão representadas pelos ícones no centro do slide. Nos próximos slides, exploraremos algumas dessas possibilidades (**figura 5**).

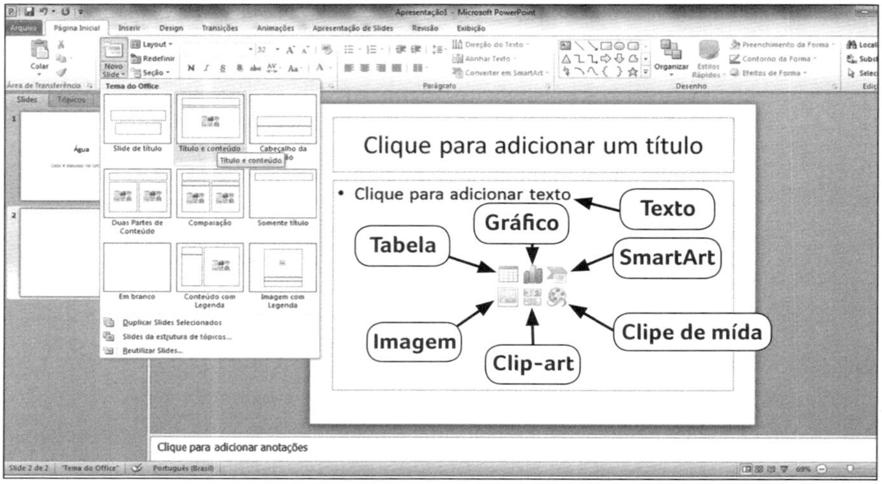

***Figura 5* – Objetos da caixa de conteúdo de um slide**

Em nosso segundo slide, clicamos simplesmente na caixa de conteúdo e digitamos o texto descrito na **figura 6**.

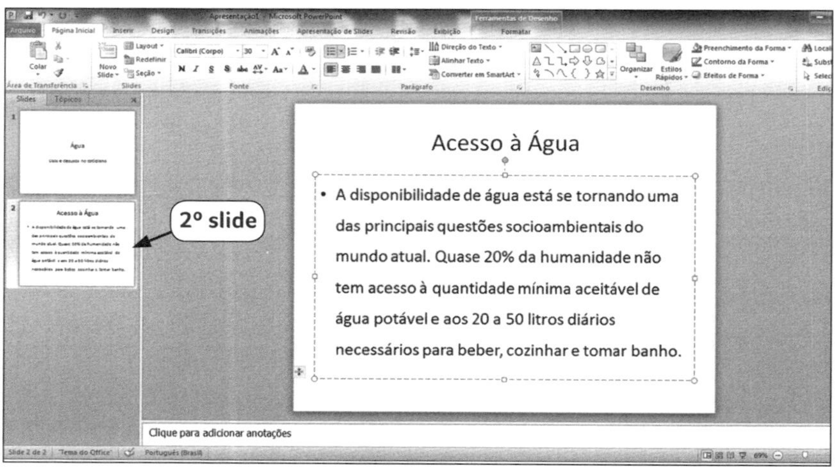

***Figura 6* – Slide com layout Texto com Conteúdo**

Perceba que, ao digitarmos o primeiro parágrafo, ou seja, após apertar a tecla Enter, o PowerPoint utilizou marcadores para indicar o final do parágrafo e o início do próximo. Caso fosse uma lista, o programa colocaria marcadores em todos os itens.

O terceiro slide adicionado tem o layout Imagem com Legenda, como mostra a **figura 7**. Essa estrutura de organização permite inserir uma imagem do arquivo e identificar o título e um texto descritivo sobre ela, criando um aspecto organizado na página de apresentação.

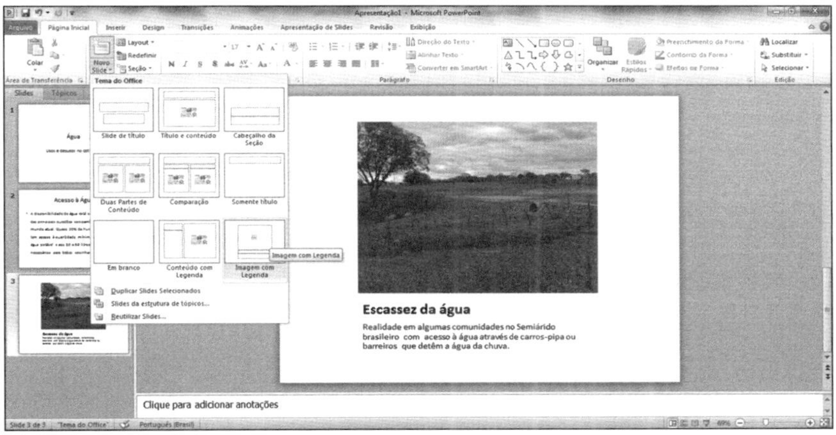

***Figura 7* – Layout Imagem com Legenda**

O quarto slide tem layout Título e Conteúdo, sendo que o objeto selecionado da caixa de conteúdo é a tabela (**figura 8**). Ao clicarmos nesse ícone, o programa nos solicita o número de linhas e colunas. Escolhemos três linhas e duas colunas e digitamos o conteúdo da tabela. As informações da fonte foram inseridas com o comando Caixa de Texto, encontrado na guia Inserir.

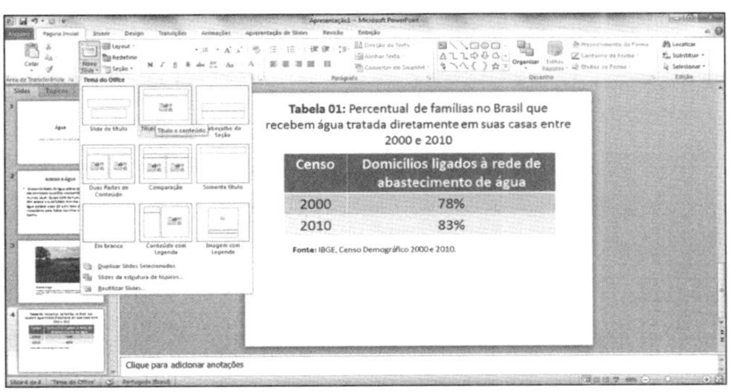

***Figura 8* – Layout Título e Conteúdo com elemento gráfico tabela**

No quinto slide, inserimos Caixa de Texto e imagens do tipo Formas para fazer uma tela que apresente os tópicos de nossa apresentação. As Formas são objetos ou estruturas de figuras que funcionam muito bem quando queremos adicionar linhas, retângulos, setas ou outras figuras que ofereçam um recurso visual interessante para o slide. Ao montarmos o slide com esses elementos, reposicionamos as imagens manualmente. Com isso, percebemos que, ao mover os objetos, são apresentadas alças de alinhamento que facilitam a definição das posições entre eles e em relação à página do slide (**figura 9**).

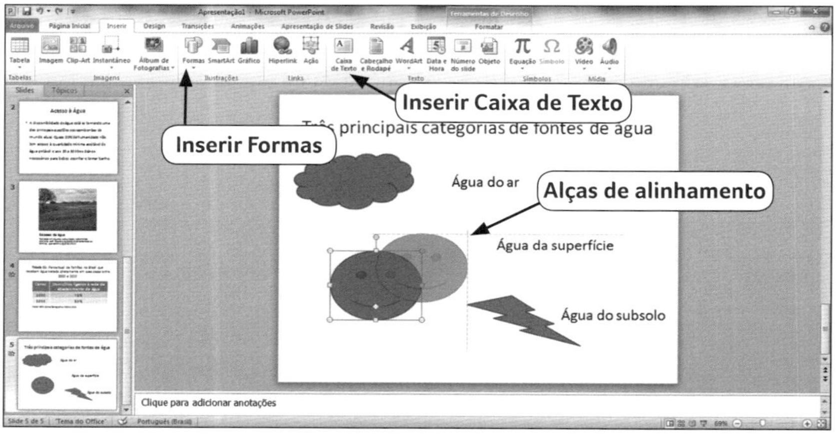

Figura 9 **– Comando Caixa de Texto na guia Inserir**

Nessa figura, percebemos que o slide 1 não aparece. Se estivermos no slide 5 e quisermos ir para o slide 1, temos de clicar na barra de rolagem da área do Painel de Slides, que fica localizado à esquerda da janela do PowerPoint, e selecionar o slide desejado. Além disso, nessa área, podemos clicar e arrastar os slides para modificar sua posição na apresentação.

No sexto slide, com layout Título e Conteúdo, utilizamos o elemento gráfico Funil para exemplificar o processo de usos e desusos da água. Para tanto, é necessário selecioná-lo no SmartArt, na lista Processo (**figura 10**).

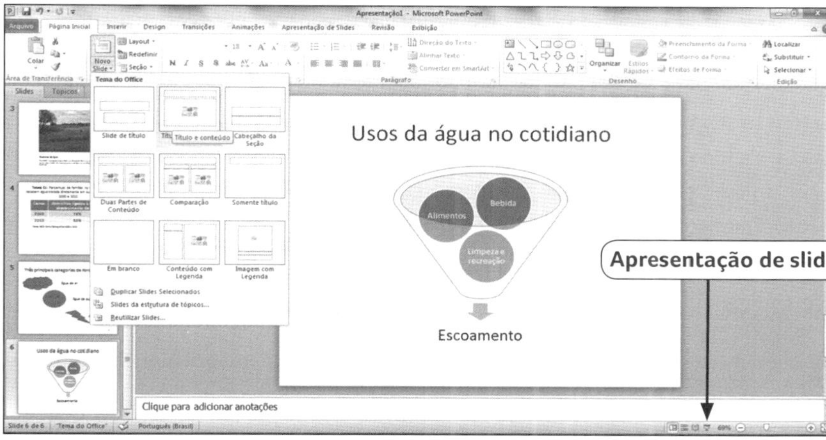

Figura 10 **– Layout Título e Conteúdo com elemento gráfico SmartArt**

Para visualizarmos a apresentação, clicamos no ícone Apresentação de Slide, que se encontra na Barra de Status da janela do programa, ou na tecla F5. Para voltar para a exibição Normal, apertamos a tecla Esc.

Formatar o design de slides

Aplicar temas em apresentações é como aplicar um conjunto de formatações com características predefinidas de planos do fundo, estilos de fonte, cores e layouts. Eles são dispostos no grupo Temas, que está na guia Design (**figura 11**). Ao iniciarmos o PowerPoint, já utilizamos um tema-padrão, Office, para o slide em branco. Ao escolhermos um tema da galeria, este é aplicado em todos os slides da apresentação, e sua visualização é automática no slide atual.

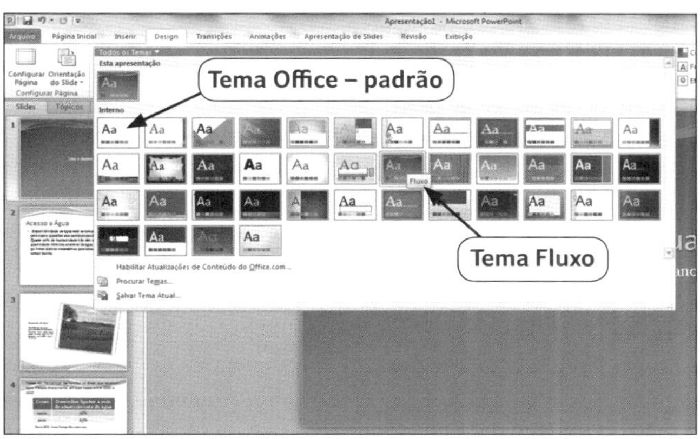

Figura 11 **– Aplicação de temas em slides**

Além de aplicarmos um tema, podemos modificar suas opções de cores, fontes e planos de fundo. Personalizamos o tema de acordo com a nossa necessidade.

Depois de aplicar o tema Fluxo, modificamos o esquema de cores para Folhagem. O esquema de cores é uma opção que altera o padrão de cores do tema. Essa opção está disponível na guia Design. O efeito de plano de fundo modifica o tema em suas variantes de cores, que vão de opções claras a escuras.

A seguir, trataremos de opções de formatação da apresentação que alteram os esquemas de cores e fontes dos textos

Inserir objetos e suas formatações

Podemos inserir uma imagem ou outros elementos no slide do PowerPoint através da guia Inserir. Nessa guia, destacamos alguns comandos que já utilizamos, como tabelas, imagens, formas e elementos do SmartArt. A única diferença é que anteriormente trabalhamos os objetos como se fossem integrantes do layout e agora eles serão utilizados como inserção nos slides, sem um layout específico. Utilizaremos as opções da guia Inserir: Instantâneo, Álbum de Fotografias, Número do Slide e Vídeo.

Inserir Instantâneo é uma opção do PowerPoint que permite a captura das imagens em janelas que estão abertas concomitantemente à janela do programa PowerPoint. A inserção de uma imagem de uma janela aberta, ou de algumas delas, faz "cópia e colagem" instantânea de imagens estáticas. Na **figura 12**, inserimos um recorte da janela do Explorador de Arquivos.

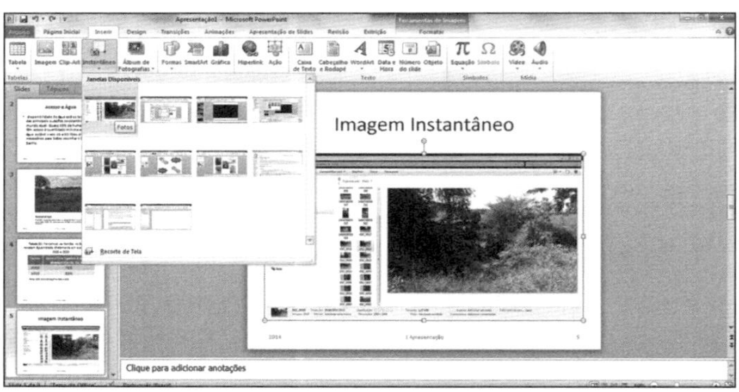

Figura 12 **– Inserir Instantâneo**

Ao inserirmos figuras como Álbum de Fotografias, o comando abre a janela para escolhermos somente arquivos de formatos compatíveis com imagem (.jpeg, .bmp, .png, entre outros) na unidade de disco. Para fazer um álbum, devemos escolher várias imagens colecionáveis e, como resultado, temos uma imagem para cada slide, automática e organizadamente (**figura 13**).

***Figura 13* – Inserir imagem por intermédio do comando Álbum de Fotografias**

O comando Número do Slide é uma opção da guia Inserir que abre automaticamente a janela Cabeçalho e Rodapé. Nela temos a possibilidade de acrescentar, além da numeração, data, hora e texto no rodapé (**figura 14**).

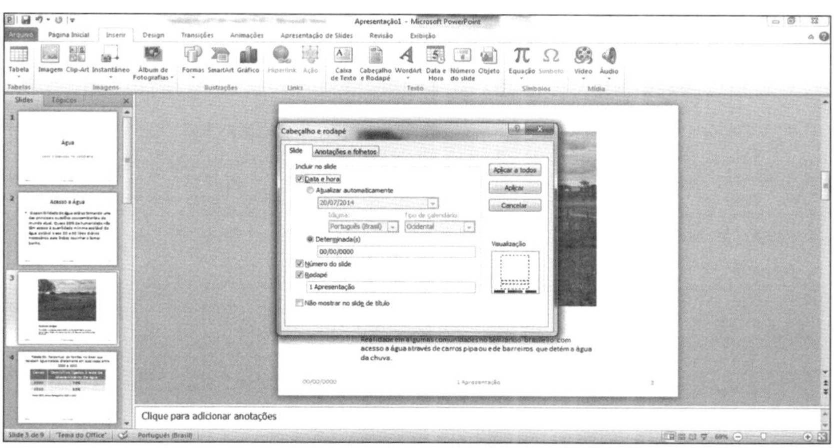

***Figura 14* – Lista suspensa do comando Cabeçalho e Rodapé**

Podemos inserir vários tipos de arquivos de áudio e vídeo como objetos dentro da página de apresentação. No PowerPoint, os arquivos de som e vídeo podem não ser reproduzidos adequadamente se não for instalada a versão correta do codec, software que é usado para compactar ou descompactar um arquivo de mídia digital, como música ou vídeo. O Windows Media Player e outros programas usam codecs para reproduzir e criar arquivos de mídia digital com formatos compatíveis com o Windows.

Entre todos os formatos de arquivos utilizados e reconhecidos pelo Windows Media Player, destacamos alguns para o uso nas apresentações do PowerPoint (**quadro 1**):

Usos	Formato de arquivo	Extensão	Informações
Áudio	Arquivo de áudio MP3	.mp3	MPEG AudioLayer3. Este é um arquivo de áudio compactado. Foi um dos primeiros tipos de compressão de áudio com perdas quase imperceptíveis ao ouvido humano.
	Arquivo de áudio do Windows	.wav	Wave Form. O WAV ocupa um espaço muito grande de armazenamento, o que pode ser resolvido convertendo o arquivo para outros formatos, tais como MP3. Esse formato de arquivo de áudio armazena sons em forma de ondas, o que significa que 1 minuto de áudio pode ocupar 644 kilobytes ou até 27 megabytes de espaço.
	Arquivo Windows Media Audio	.wma	Windows Media Audio. Desenvolvido pela Microsoft, esse é um arquivo de som compactado utilizado para distribuir música gravada, geralmente pela internet.
Vídeo	Arquivo de vídeo do Windows	.avi	Audio Video Interleave. É um tipo de arquivo multimídia utilizado para armazenamento de áudio e imagens em movimento.
	Arquivo de filme	.mpg ou .mpeg	Moving Picture Experts Group. Esse é um conjunto de padrões para compressão de áudio e vídeo desenvolvido por Moving Picture Experts Group.
	Arquivo Windows Media Video	.wmv	Windows Media Video. Esse formato de arquivo compacta áudio e vídeo por meio do codec Windows Media Video.
	Arquivo do Windows Media	.asf	Advanced Streaming Format. É um tipo de arquivo que armazena dados multimídia sincronizados, podendo ser utilizado para conduzir conteúdo de áudio e vídeo, imagens, e comandos de programação pela rede.

***Quadro 1* – Formatos de arquivos reconhecidos pelo Windows Media Player**

Para inserir um vídeo, clicamos no slide e, na guia Inserir, grupo Mídia, escolhemos o comando Vídeo do arquivo. Na caixa Biblioteca Vídeos, localizamos e selecionamos o arquivo que desejamos (**figura 15**).

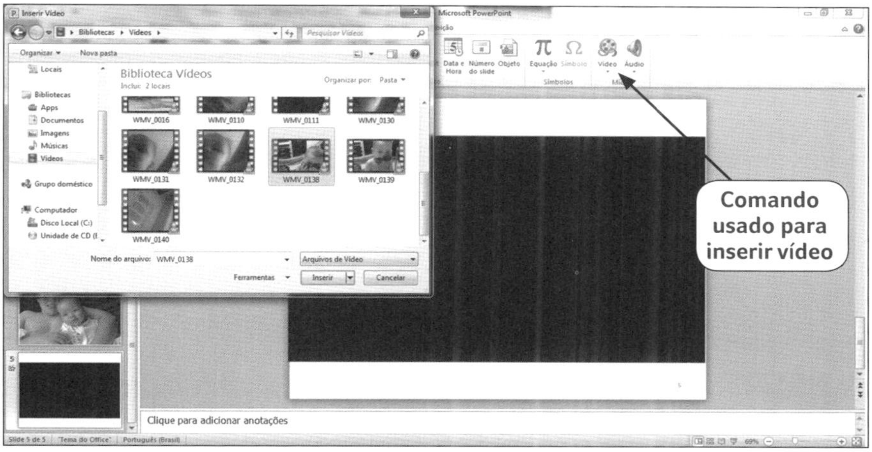

Figura 15 **– Inserir vídeo**

Preste atenção na formatação do vídeo, pois, se não configurarmos a sua reprodução, ele não será exibido. No nosso caso, decidimos que o vídeo inicie sua apresentação automaticamente, logo após a execução da tela inteira. Não precisamos nos preocupar com o arquivo de origem, pois todos estarão contidos na apresentação. Por isso, o tamanho do arquivo aumenta significativamente, dependendo do vídeo inserido.

A formatação de objetos e elementos no slide pode ter personalização de cor, bordas, sombreamento, tamanho e posição. Essas escolhas são feitas quando selecionamos o objeto. Ao selecionarmos o objeto inserido, ele adiciona automaticamente uma nova guia de Opções de Formatação.

No caso do slide 5, em que inserimos vários tipos de objetos, podemos formatar as formas ou os textos. Nas formas, como é o caso do rosto feliz, as personalizações se resumem ao grupo de comandos chamado Estilos de Forma. Nesse grupo, podemos modificar o preenchimento da forma, seu contorno e aplicar efeitos como sombra. Já nas caixas de texto, aplicamos estilos de WordArt para destacar seu conteúdo (**figura 16**).

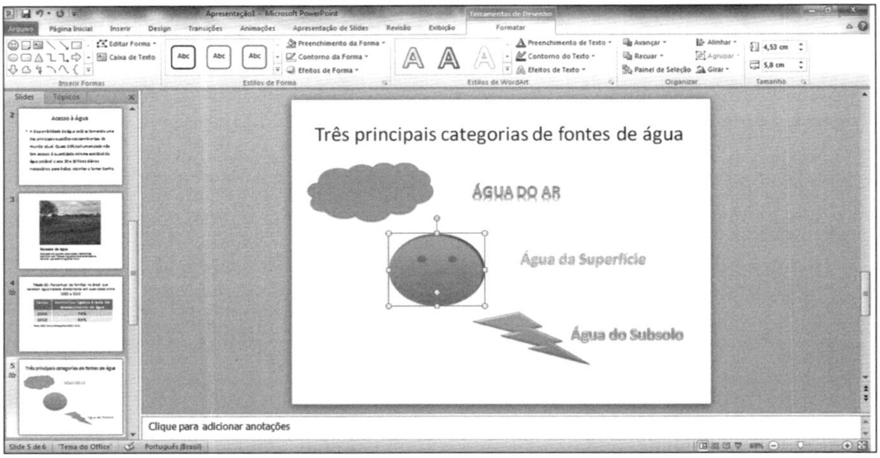

Figura 16 – **Formatar Formas**

O redimensionamento é uma formatação do tamanho da imagem dentro do slide e pode ser feito de duas maneiras: com a ajuda do mouse, clicando nas alças da figura, ou com o grupo Tamanho, da guia Formatar.

Com a ajuda do mouse, selecionamos a figura. Em seguida, posicionamos o mouse no canto da imagem. Quando ele mudar para o formato de dupla seta, o arrastamos para dimensionar a imagem. Devemos nos lembrar de que há dois tipos de alças de redimensionamento: as que modificam a largura e a altura (alças de posição nos quatro lados da figura) e as que redimensionam proporcionalmente (cantos da figura), conforme a **figura 17**. Além de redimensionar pelo mouse, podemos atribuir altura ou largura específica para a figura na guia Formatar.

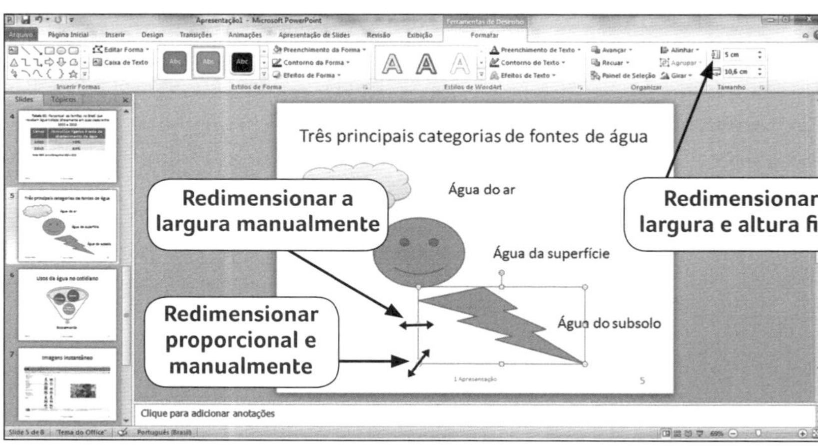

Figura 17 – **Redimensionamento manual**

Nas imagens, podemos aplicar vários tipos de formatações. Destacamos algumas opções que se encontram na guia Formatar, que envolvem desde a personalização das correções de brilho e contraste até as modificações de tamanho da imagem. As opções de formatação que veremos a seguir são Correções, Cor, Efeitos Artísticos, Estilos, Organizar e Tamanho.

Ao selecionar uma imagem, a guia Formatar aparece automaticamente. Nessa guia, temos as opções do comando Correções, que alteram o brilho e o contraste e aumentam ou diminuem a nitidez da imagem (**figura 18**).

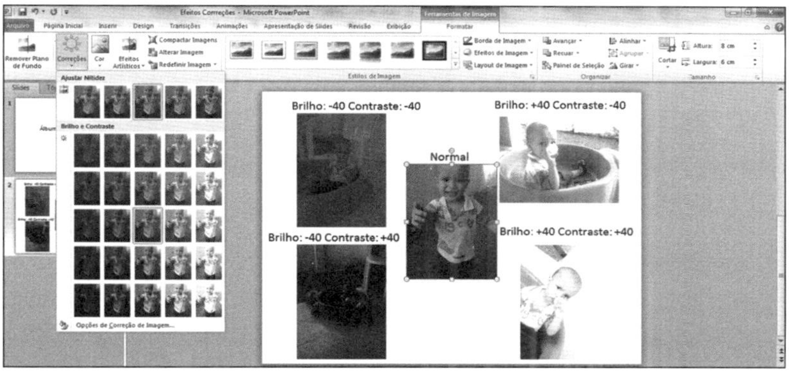

***Figura 18* – Formatação de imagens com Correções**

Com a opção Cor, podemos aplicar mais saturação para ficar quase preto e branco, além de aumentar o tom da cor para mais quente ou, ainda, mudar para a escala de cinza, entre outros recursos. Com Efeitos Artísticos, transformamos as imagens usando, por exemplo, Escala de Cinza de Lápis, Fotocópia, entre outras possibilidades (**figura 19**).

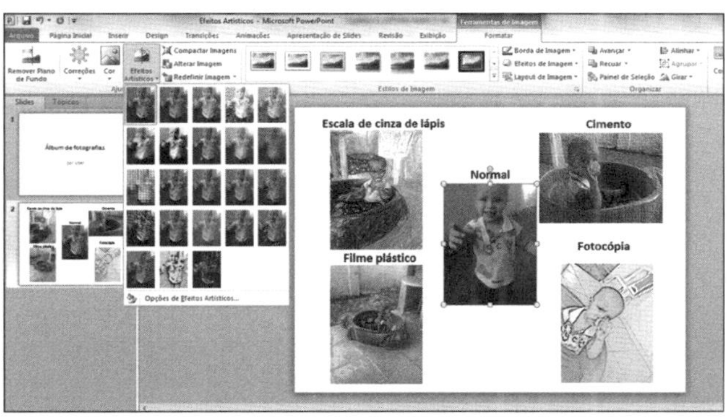

***Figura 19* – Formatação de imagens com Efeitos Artísticos**

Além dessas aparências de Correções, Cor e Efeitos Artísticos, temos as opções de Estilos de Imagem. Estes podem acrescentar molduras e sombreamento das bordas a fim de destacar a imagem dentro da apresentação. Na **figura 20**, modificamos o estilo da imagem.

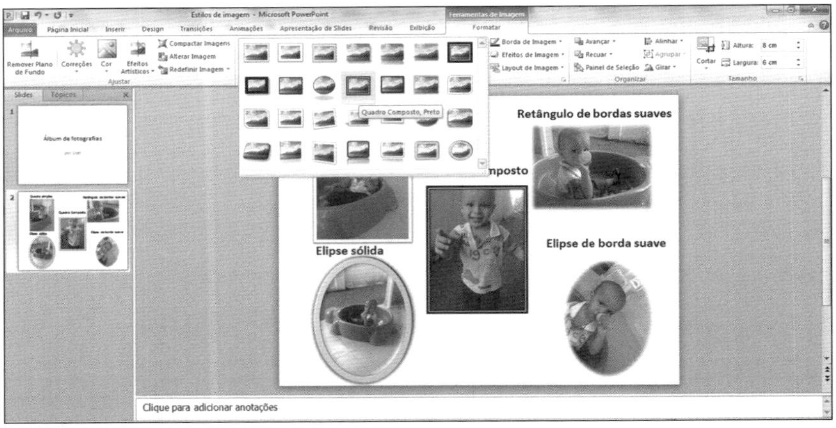

Figura 20 **– Formatação com Estilos de Imagem**

No grupo Organizar, da guia Formatar, existem comandos que alteram a disposição das imagens com relação à sua ordem, alinhamento e ângulo. Os dois comandos, Avançar e Recuar, tratam da sobreposição, ou seja, ao trabalharmos com vários objetos dentro de um slide podemos posicionar as imagens à frente ou recuadas umas das outras. Na **figura 21**, a forma, indicada pelo número 2, teve sua posição avançada e recuada, como mostra esquematicamente a imagem.

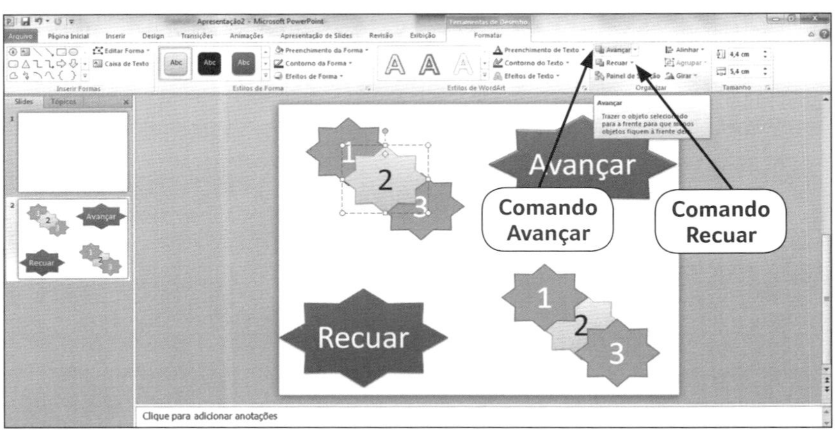

Figura 21 **– Avançar e Recuar no grupo Organizar da guia Formatar**

Outro comando relacionado ao posicionamento dos objetcs é Alinhar, da guia Formatar. Na **figura 22**, há uma lista suspensa de possibilidades de alinhamento.

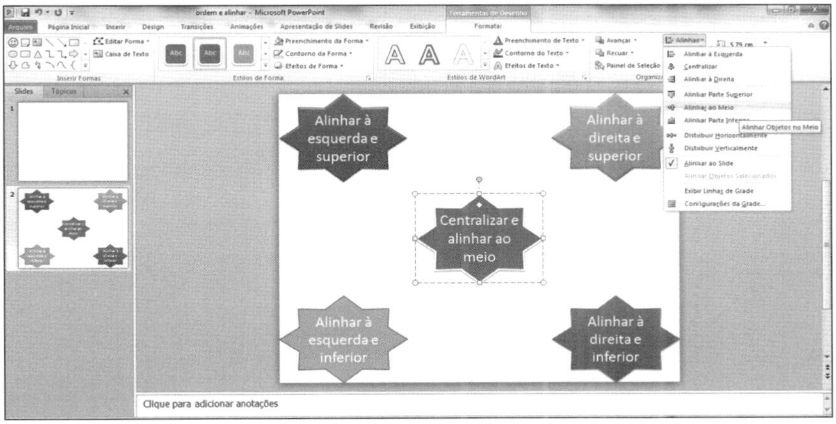

***Figura 22* – Lista suspensa com opções do comando Alinhar**

Na lista do comando Girar, da guia Formatar, é possível rotacionar a imagem em graus predefinidos (**figura 23**). Podemos girá-las 90 graus à direita ou à esquerda e invertê-las horizontal ou verticalmente.

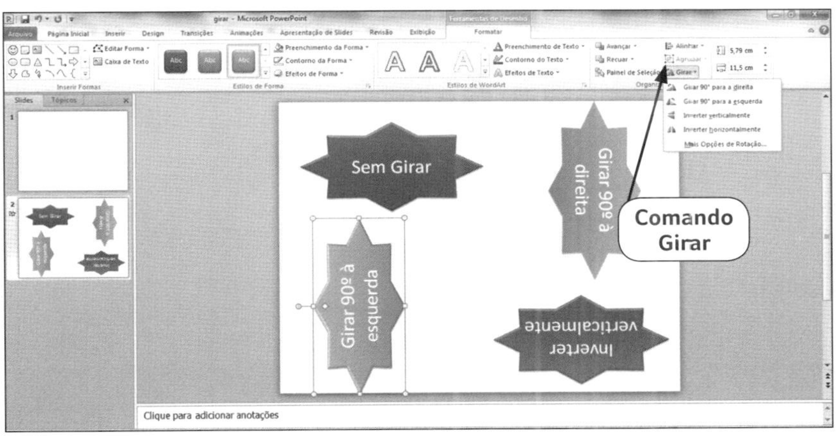

***Figura 23* – Lista suspensa com opções do comando Girar**

Para girarmos livremente a imagem, podemos utilizar a alça de rotação. Ela aparece quando selecionamos a imagem e é indicada com a figura de uma bolinha verde. Ao posicionarmos o mouse sobre essa alça de rotação, ele mudará seu formato para quatro setas arredondadas. Arrastamos o mouse para girar a imagem até a angulação desejada.

A manipulação do tamanho das figuras e imagens pode ser feita no grupo Tamanho, da guia Formatar. As opções desse grupo são Cortar, Altura e Largura. Essa opção modifica os tamanhos de forma exata em centímetros.

Cortar é uma opção de manipulação que facilita a visualização dos detalhes, focando a imagem de acordo com a necessidade. As alças pretas mostradas na **figura 24** são alças de corte e podem ser manipuladas com o mouse. Com o corte, a figura fica com partes ocultas, porém estas ainda fazem parte da imagem.

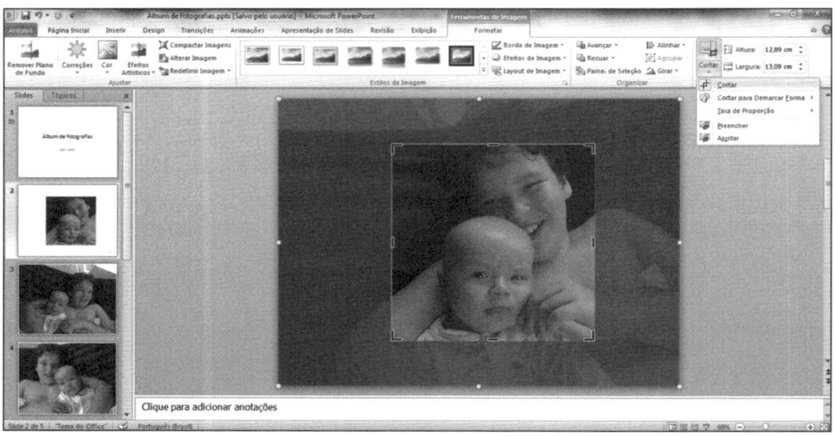

***Figura 24* – Formatar tamanho do corte da imagem**

Além dessa possibilidade de corte manual, temos a opção de Cortar para Demarcar Forma, disponível no comando Cortar. Nela são oferecidas várias opções de formas geométricas para o enquadramento da imagem recortada, como nuvem ou estrela (**figura 25**).

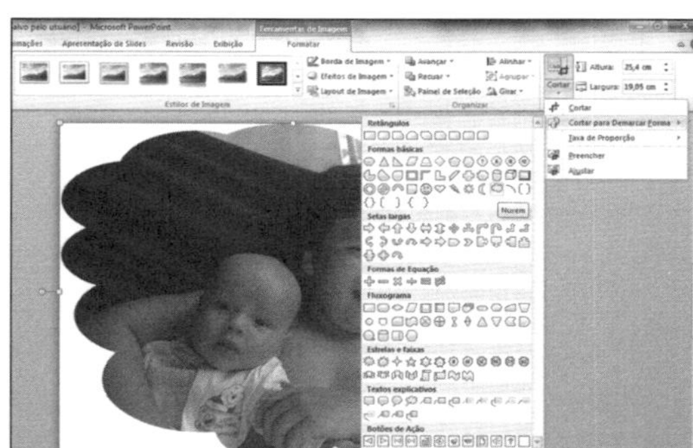

***Figura 25* – Formatar forma do corte**

Até agora, tratamos da criação e formatação de slides e objetos dentro dos slides, ou seja, de sua estrutura e organização. A seguir, aplicaremos efeitos de transição nos slides, com a finalidade de criar apresentações atrativas, repassando o conhecimento de maneira eficaz e compreensível.

Aplicar transição de slides

Quando exibimos uma apresentação, temos a possibilidade de aplicar efeitos visuais entre os slides. São os chamados Efeitos de Transição, que dão uma suavidade na passagem de um slide para o outro, além de proporcionar mais atratividade visual e chamar atenção para a apresentação.

Na guia Transições, a passagem de um slide a outro pode ser feita com a aplicação de efeitos. Usamos esses recursos de forma isolada ou nas transições entre todos os slides que compõem a apresentação. Alguns comandos de transições são: Recortar, Esmaecer, Empurrão. Além de escolher uma dessas transições, podemos selecionar as opções de efeito que elas oferecem. Por exemplo, a transição Empurrão com a opção de efeito De Baixo (**figura 26**).

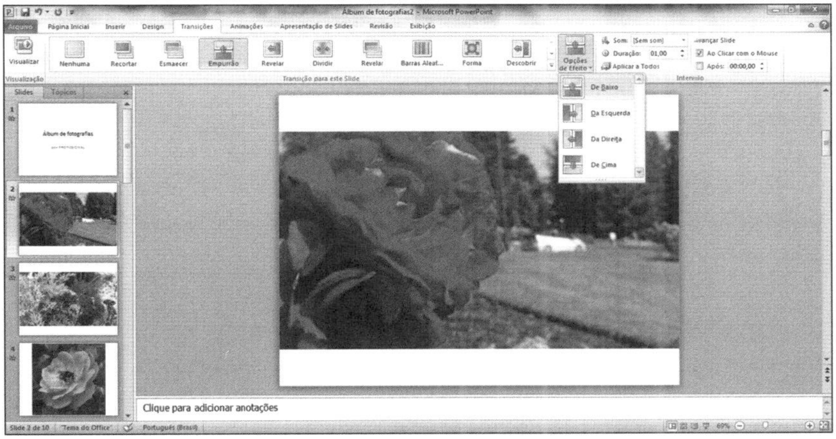

***Figura 26* – Transição Empurrão com efeito De Baixo**

Além dessas combinações de transições e opções de efeito, na guia Transição existem outras opções, como Som, Duração e Aplicar a Todos. Com eles, podemos aplicar, por exemplo, um som disponível no programa (aplauso, bomba, brisa).

Já o comando Duração determina o tempo de execução do efeito de transição de slides. Por exemplo, o efeito Empurrão pode ter uma duração de 1 minuto, que é o padrão, ou podemos personalizar esse tempo. O comando Aplicar a Todos configura as escolhas de efeitos do começo ao fim da apresentação.

Na guia Transições, temos duas outras opções que permitem escolher se a apresentação será exibida automaticamente com um tempo determinado ou após um clique com o mouse. No PowerPoint, e no modo de exibição, o padrão é exibir a próxima página de slide somente após um clique do mouse. Caso queiramos que fique automático após um tempo, podemos configurar no comando Após.

Para visualizar a apresentação de todos os slides, podemos acionar o comando Do Começo, na guia Apresentação de Slides. Nesse caso, todas as páginas de slides serão apresentadas. É possível também usar a tecla de atalho F5. Já para exibir somente o slide atual, podemos abrir a guia Apresentação de Slides e escolher o comando Do Slide Atual ou usar as teclas de atalho Shift+F5. Para sairmos de qualquer modo de apresentação, apertamos a tecla Esc.

Outra maneira de apresentarmos todos os slides é pela Barra de Status, com o comando Apresentação de Slides, como está em destaque na **figura 27**.

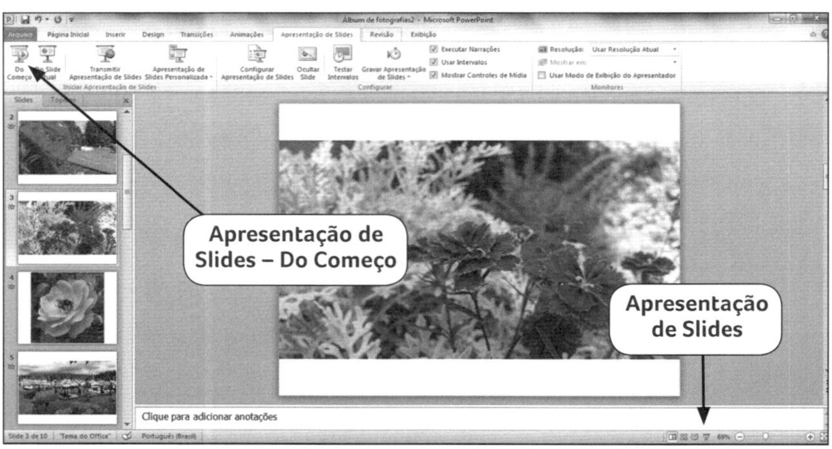

Figura 27 **– Modo de visualização Apresentação de Slides**

Até agora trabalhamos com efeitos de transição para um único slide ou em todos eles. Quando precisamos enfatizar o término de uma seção dentro da apresentação, podemos utilizar transição personalizada para diferenciá-la da seção seguinte. Por exemplo, na apresentação que trabalhamos sobre a temática da água, entendemos que existem duas seções: usos no cotidiano e desusos no cotidiano. Para diferenciar, poderíamos mudar o tipo das transições. Ou, ainda, mudar a direção das transições entre as seções. Na **figura 28**, escolhemos o tema de transição de slides Cubo.

Nesse exemplo, aplicaremos as seguintes transições: tocos os slides ficarão com a transição Cubo, sendo que, do primeiro ao sexto, será aplicada a opção de efeitos Da Direita. E do sétimo ao 11º, colocaremos a transição com a opção de efeito De Baixo.

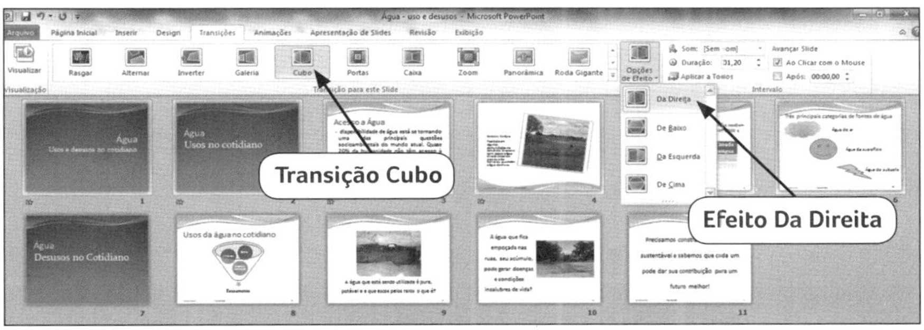

Figura 28 **– Opções de transição de slides e efeito**

Criar animação com objetos de apresentação

Neste tópico, vamos animar objetos dentro do slide de apresentação, recurso que ajuda na compreensão de seu conteúdo. Os objetos a que podemos atribuir animação são de vários tipos: textos, imagens, formas, tabelas e gráficos. Um pouco de ênfase em cada parágrafo ou em cada linha tem um impacto significativo no todo. No exemplo a seguir, trabalhamos com animações de objetos, imagens, textos e formas. Todas as opções estão disponíveis na guia Animações (**figura 29**).

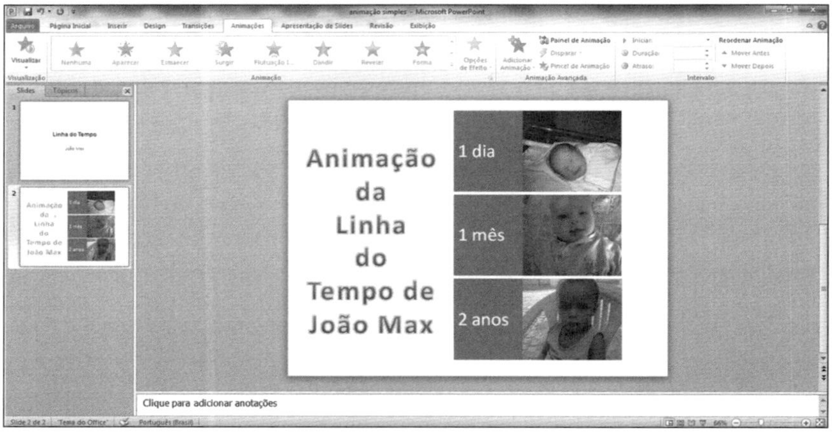

Figura 29 **– Animação de objetos dentro do slide**

Para fazermos uma animação, temos três passos básicos: selecionar o objeto, escolher a animação e, em seguida, modificá-la com opções de efeitos. Tomando como exemplo a **figura 29**, após selecionarmos cada grupo de elementos (uma imagem e uma forma de retângulo), aplicamos uma animação qualquer e personalizamos a opção de efeito.

Em nosso exemplo, temos os grupos de imagens para referenciar 1 dia, 1 mês e 2 anos de João Max. Em cada grupo de imagens, foram aplicadas animações, como mostra o Painel de Animação, do lado direito da janela. No grupo referente à imagem de 1 dia, foi aplicada a animação Aumentar e Virar. No grupo de 1 mês, foi aplicada a animação Girar e, no grupo de 2 anos, aplicamos a animação Surgir e, em seguida, a opção de efeito Da Esquerda (**figura 30**).

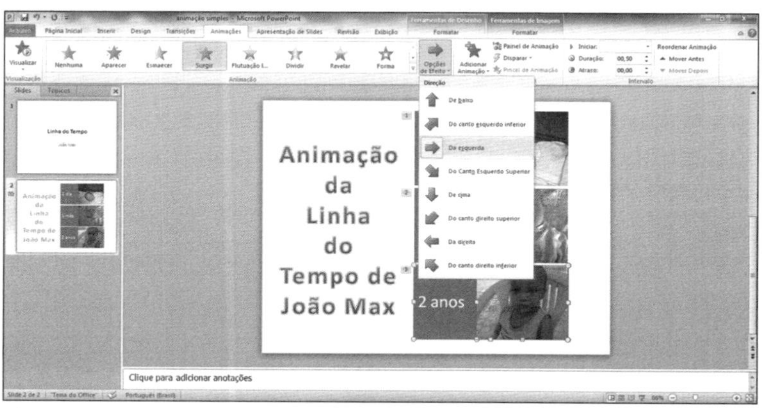

Figura 30 **– Opções de efeitos para animação**

Após concluir os três passos, acionamos o comando Visualizar, na guia Animação, para testar o conjunto de animações. O comando Painel de Animação, na guia Animações, abre uma área na janela do PowerPoint que contém a linha e a ordem de animação e a lista de nomes de objetos com os tempos de animação de cada um deles (**figura 31**).

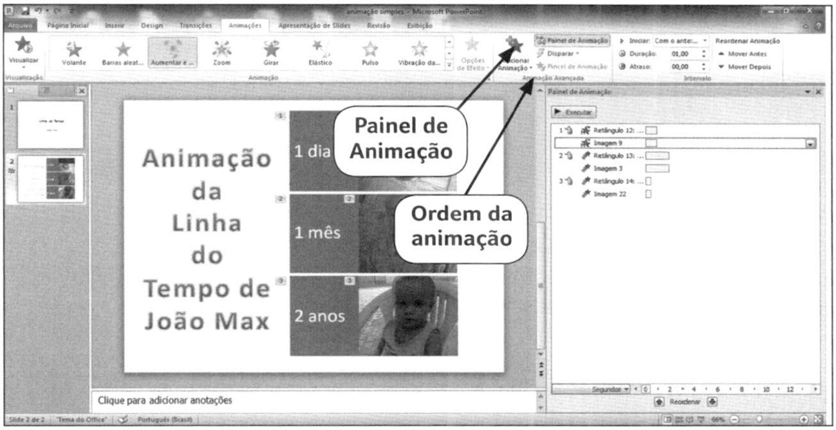

Figura 31 **– Manipular a animação por meio do Painel de Animação**

Percebemos que, no Painel de Animação, o número 1 aparece e depois o símbolo de um mouse e a descrição do objeto, que, no caso, está indicando que a primeira animação só ocorrerá após o clique do mouse no modo Apresentação de Slides. Também mostra que a imagem 9, que é a foto de 1 dia, aparecerá junto com o retângulo, ou seja, os dois objetos serão exibidos após o clique do mouse e aparecerão juntos com a mesma animação.

Imprimir slides

Todos os recursos de impressão estão na guia Arquivo, no comando Imprimir. Ao clicá-la, abre-se uma janela que possibilita a visualização da apresentação. Essa janela apresenta, no canto inferior direito, um botão de zoom e outro que permite percorrer todos os slides da apresentação (**figura 32**).

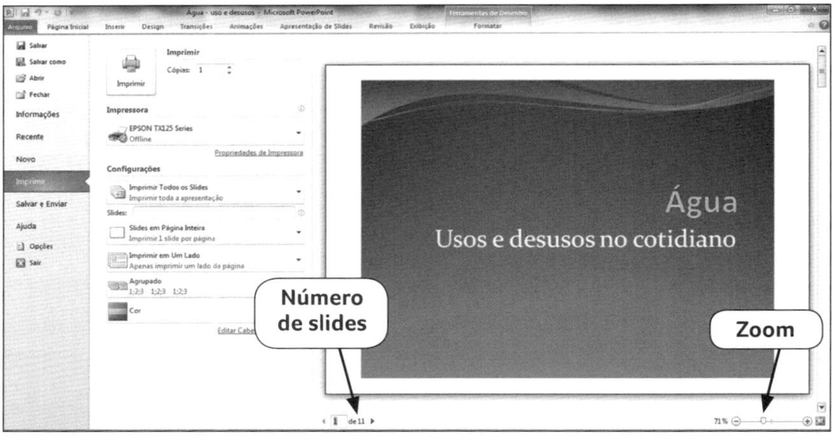

Figura 32 **– Opção Imprimir da guia Arquivo**

Uma opção muito interessante de impressão é o formato de folhetos, que possibilita que os comentários que foram escritos em cada slide sejam visualizados. Essas anotações ficam disponíveis na Barra de Comentários, na parte inferior da janela do slide. Caso não tenhamos escrito nada nos comentários, a impressão de folhetos mostra somente linhas vazias ao lado de cada slide (**figura 33**).

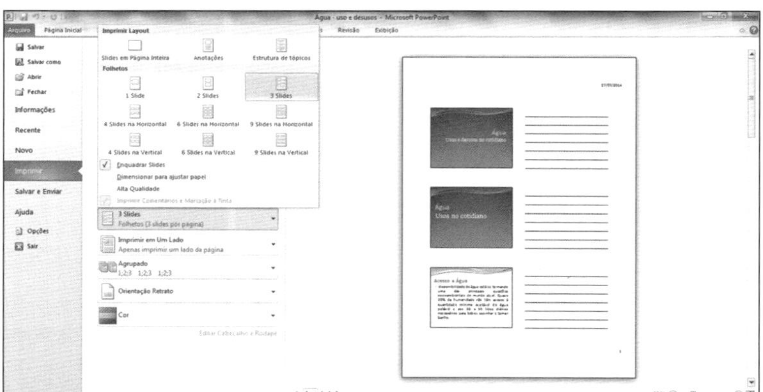

Figura 33 **– Modo de impressão em folhetos com comentários**

Podemos optar por imprimir um conjunto de slides por página, o que é mais econômico, além de funcionar como um resumo de nossa apresentação (**figura 34**).

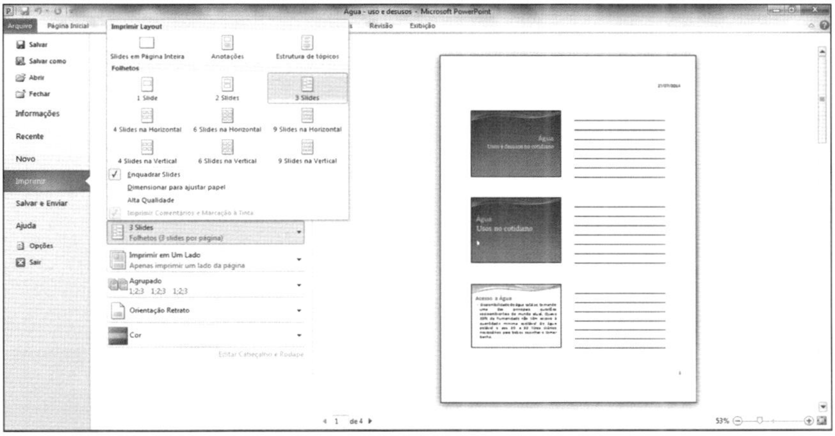

Figura 34 **– Impressão de slides na mesma página**

OUTROS EDITORES DE APRESENTAÇÕES

Além do PowerPoint, apresentações podem ser feitas usando-se o programa LibreOffice Impress. As principais diferenças estão na aparência da janela e na disponibilidade de efeitos. Os comandos do programa Impress estão dispostos de forma muito parecida com a versão 2003 do PowerPoint – organizados em barras de ferramentas na área de trabalho e também nos menus (**figura 35**).

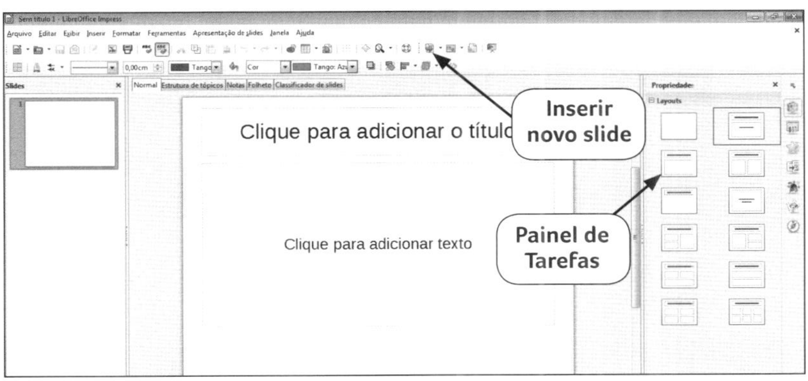

Figura 35 **– Exibição de layouts**

Os nomes dos comandos são exibidos ao posicionar o mouse sobre eles. Na área Painel de Tarefas encontramos opções de temas, que são bem simples em sua formatação (**figura 36**).

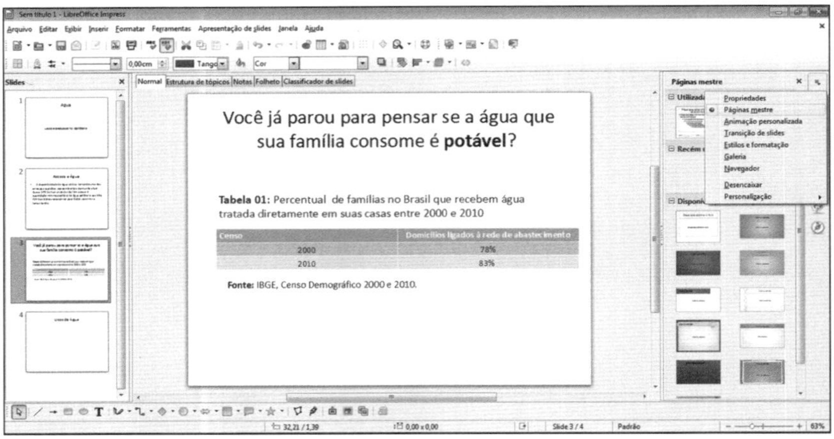

***Figura 36* – Formatar temas de página-mestre**

Já as propriedades para os textos são bem acessíveis: no Painel de Tarefas, comando Propriedades (**figura 37**).

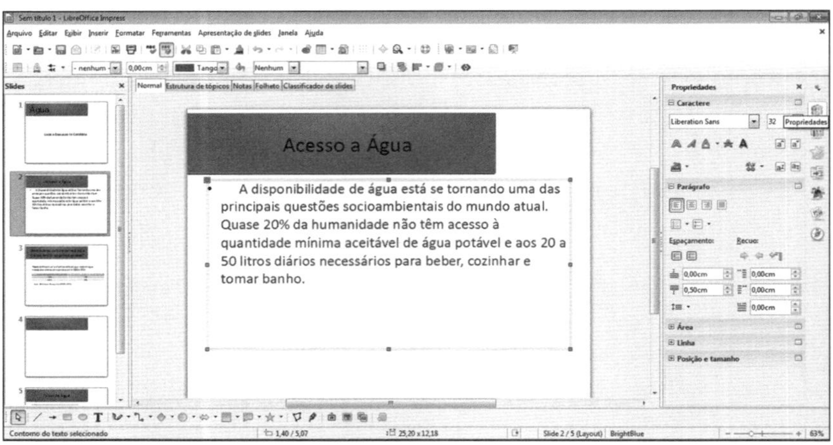

***Figura 37* – Propriedade dos caracteres**

O Impress tem recursos reduzidos para animação de slides e objetos, e a manipulação de objetos do tipo Organograma do SmartArt não está disponível. Além disso, os temas são bastante limitados.

O programa salva os arquivos em formato de apresentação do PowerPoint (.ppt). Apesar disso, sua compatibilidade é um pouco comprometida. Ao usá-lo, é indicado fazer um teste antes do envio para compartilhamento com outra pessoa. Caso queira simplesmente divulgar os resultados, o indicado é exportar em PDF.

7

SUPORTE BÁSICO DE COMPUTADORES

O usuário e o operador do computador devem ter certa autonomia para efetuar ações de suporte básico dos seus equipamentos. Essa autonomia pode significar aumento da produtividade, pois diminui a dependência de assistência técnica especializada em procedimentos simples, corriqueiros, no trabalho com computadores. Inclusive, em muitas organizações existem setores de suporte de informática que dão apoio no uso das tecnologias da informação, porém certas medidas podem ser tomadas pelo próprio operador do computador.

Nesse capítulo, veremos como o usuário pode compactar seus arquivos, limpar o computador e instalar ou substituir os periféricos mais usados.

COMPRESSÃO DE ARQUIVOS

Programas de compactação possibilitam a diminuição do tamanho de arquivos com o uso de técnicas de compressão. Basicamente, informações duplicadas são identificadas e passam a ser referenciadas dentro do arquivo em vez de serem repetidas. Por exemplo, um programa de compressão pode analisar um documento do Word e identificar as palavras repetidas e criar uma referência codificada para elas. Daí em diante, quando a palavra aparecer novamente, é substituída por seu código. Necessariamente, a referência codificada tem um tamanho em bytes menor que a palavra. Essa é uma forma simplificada de entendermos a compressão de dados, pois é a base de muitos programas que têm essa finalidade.

Para testarmos como isso funciona, digitamos um texto no Bloco de Notas contendo somente as palavras hoje e amanhã repetidas várias vezes (**figura 1**).

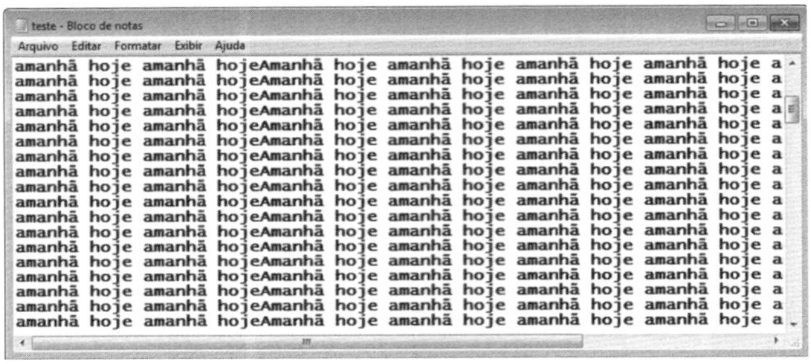

Figura 1 – **Texto no Bloco de Notas**

Salvamos esse texto com o nome teste, e verificamos no Explorer que seu tamanho ficou em 15 KB. Em seguida, o compactamos e sua versão comprimida ficou com 1 KB (**figura 2**).

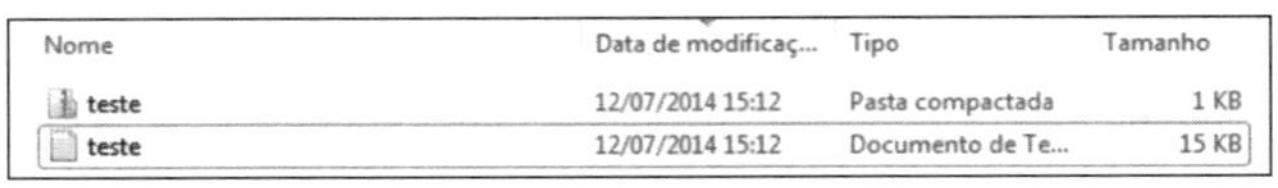

Figura 2 – **Arquivos original e compactado**

Logicamente esse é um exemplo extremo, nossos arquivos de trabalho não terão esse nível de redundância e consequentemente não conseguiremos percentual tão alto de compressão.

Usando esse tipo de programa, porém, nossos arquivos passam a ocupar um espaço menor nos dispositivos de armazenamento. Ou seja, podemos gravar mais dados neles. Além disso, a compressão é muito importante quando transportamos nossos dados via internet ou mesmo em pen-drives.

Como exemplo, se quisermos enviar um grande documento do Word anexado em uma mensagem de correio eletrônico (e-mail), o tamanho dele pode impedir essa transferência se a internet estiver lenta ou se existir limitação do tamanho total da mensagem. Usando programas de compressão, reduzimos esse arquivo em até 90% do seu tamanho original, dependendo do conteúdo.

Para compactar um arquivo ou uma pasta de arquivos, podemos usar um programa nativo do Windows, ou seja, que é instalado junto com ele, ou podemos utilizar programas de terceiros. Veremos aqui as duas opções. Primeiramente o recurso nativo do Windows. Clicando com o botão direito sobre um arquivo ou uma pasta que queremos compactar, acessamos um menu de contexto. Na opção Enviar Para, clicamos em Pasta Compactada e uma versão comprimida do arquivo é gerada (**figura 3**).

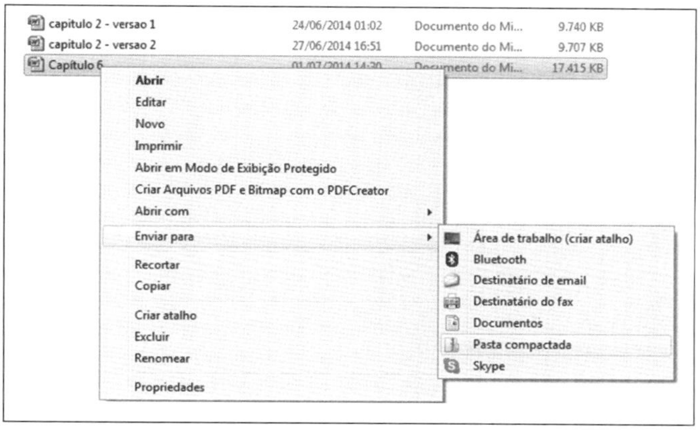

Figura 3 – **Menu de contexto**

O arquivo compactado gerado recebe como nome provisório o mesmo nome do arquivo original (**figura 4**). Se quisermos renomeá-lo, basta digitar sobre o nome provisório.

Figura 4 – **Nome provisório do arquivo compactado**

No exemplo mostrado na **figura 4**, notamos que a compressão foi pequena. O arquivo original tem 17.415 KB de tamanho e sua versão compactada ficou com 17.232 KB. A redução foi de apenas 183 KB. Isso aconteceu porque o arquivo original possui poucas redundâncias e muitas imagens .jpeg inseridas. O formato .jpeg já é um padrão de armazenamento de imagens de modo compactado.

Para restaurarmos o arquivo original, clicamos com o botão direito sobre o arquivo compactado. No menu de contexto que aparecerá, escolhemos a opção Extrair Tudo (**figura 5**).

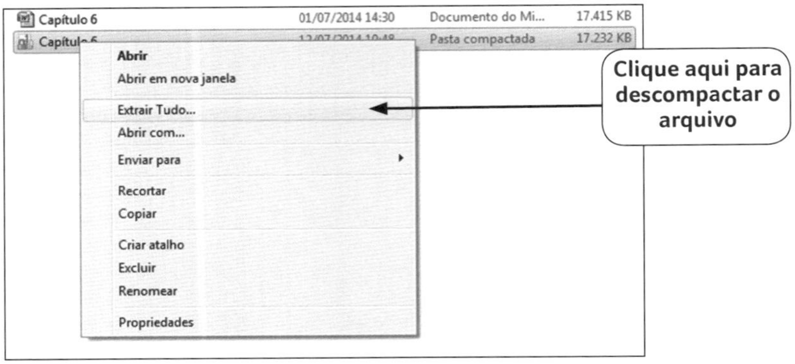

Figura 5 **– Menu de contexto**

Depois disso, a janela Extrair Pastas Compactadas será exibida (**figura 6**). Nela escolhemos em qual pasta queremos descompactar o arquivo e depois clicamos no botão Extrair.

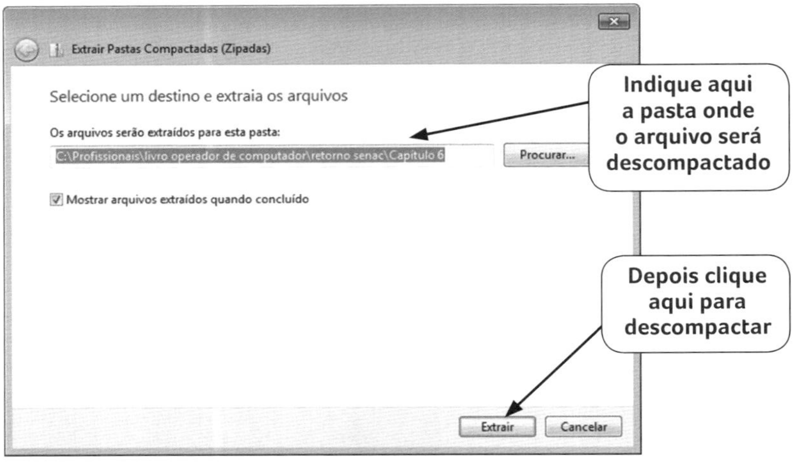

Figura 6 **– Janela Extrair Pastas Compactadas**

Usando o mesmo procedimento, podemos compactar uma pasta inteira ou vários arquivos selecionados. Dessa forma, todos os arquivos da pasta ou os arquivos selecionados passam a ser um único arquivo compactado. Nesses casos, além da compressão dos dados facilitamos o transporte deles, pois em vez de transferir vários arquivos, transferimos um só.

Se optarmos por instalar outro programa de compressão, temos várias opções disponíveis. No **quadro 1**, listamos três que estão entre os mais usados, citando algumas de suas características.

Programa	Distribuição/licença	Observações
WinRAR	Grátis para testar	Programa mais usado atualmente. A versão de teste tem todas as funcionalidades e pode ser usada por alguns dias. Vencido o período de teste, ainda podemos usar o programa, mas uma mensagem pedindo o pagamento do registro dele começará a ser exibida.
WinZip	Grátis para testar	Um dos primeiros programas desse tipo. Depois do período de teste muitas funções do programa ficam indisponíveis, até que seja feito o pagamento do registro.
7-Zip	Software livre	Programa gratuito. Em alguns casos, consegue ser mais eficiente que seus concorrentes pagos.

***Quadro* 1 – Programas de compressão de arquivos**

Se optarmos pelo WinRAR, além de ele ser o mais usado atualmente, teremos a vantagem de ele trabalhar com os formatos de compressão de arquivos mais usados. Além do RAR, formato próprio dele, ele trabalha também com ZIP, GZip, CAB, ISO, 7zip, ARJ, LZH, ACE, TAR, UUE, BZIP2 e Z.

O primeiro passo é fazer o download do arquivo de instalação dele de algum site que forneça esse serviço. Com o arquivo baixado, podemos promover sua instalação. Na **figura 7**, vemos o instalador do WinRAR, versão 5.1, em português.

***Figura* 7 – Arquivo de instalação do WinRAR**

Após darmos clique duplo sobre o instalador, a primeira janela do processo será aberta (**figura 8**). Nela podemos escolher em qual pasta será instalado o WinRAR (uma pasta-padrão já é sugerida e será criada automaticamente) e ler o contrato de licença de usuário final. Se quisermos instalar na pasta-padrão e concordarmos com o contrato, basta clicar sobre o botão Instalar, que o processo se inicia.

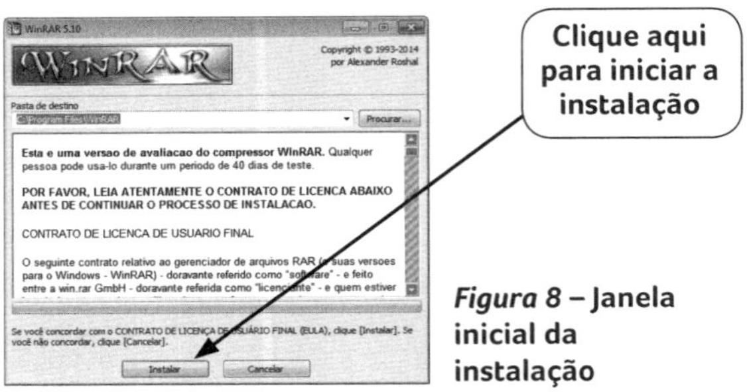

***Figura 8* – Janela inicial da instalação**

Na sequência, a janela Configuração do WinRAR será disponibilizada (**figura 9**). Basicamente, indicamos nela quais extensões de arquivos de compactação serão associadas e como acontecerá o acesso ao programa. Por padrão, o acesso acontecerá pelo menu Iniciar, através de um grupo de programa, e via menu de contexto ativado quando clicamos com o botão direito sobre um arquivo ou pasta.

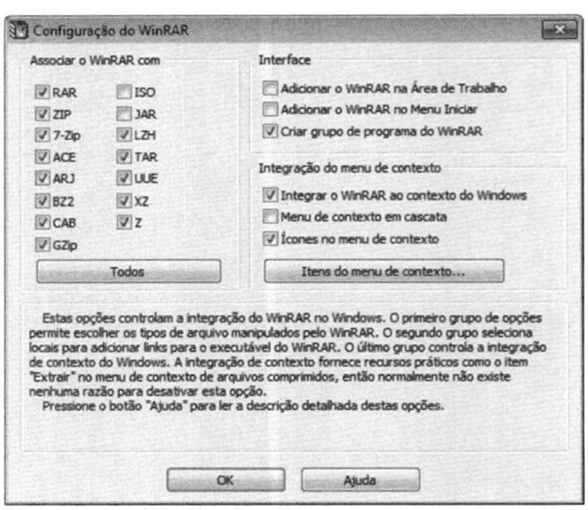

***Figura 9* – Janela Configuração do WinRAR**

Após clicar no botão OK, é mostrada uma janela indicando que o WinRAR foi instalado com sucesso (**figura 10**). Clicamos no botão OK dessa janela e podemos usar o programa para compactar e descompactar dados.

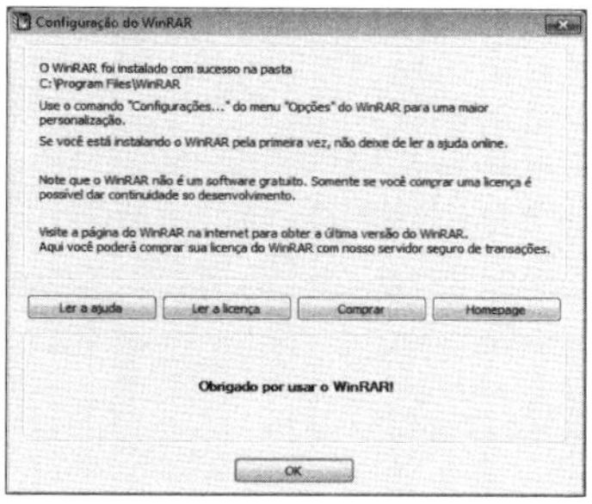

***Figura 10* – Janela final da instalação**

Para usarmos o WinRAR, procedemos da mesma forma que fizemos com o programa de compactação nativo do Windows. Clicamos com o botão direito sobre o arquivo ou pasta que queremos comprimir. No menu de contexto que aparecerá, temos quatro novas opções relacionadas ao WinRAR (**figura 11**).

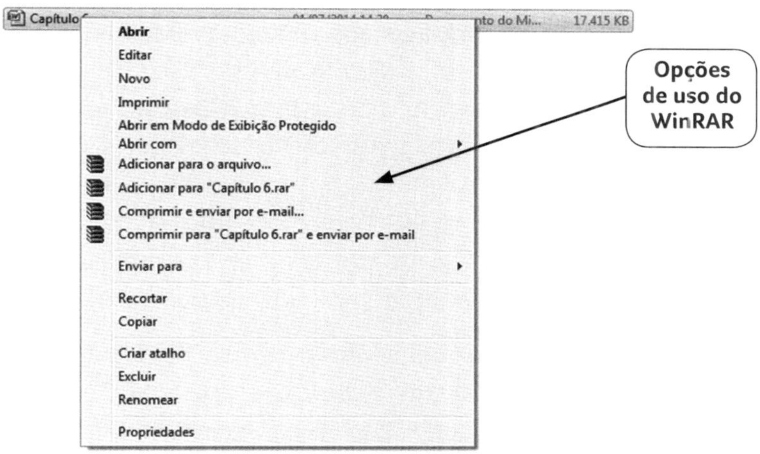

***Figura 11* – Opções do WinRAR**

A opção Adicionar para "Capitulo6.rar" já cria uma versão compactada do arquivo Capitulo6.docx, com o mesmo nome dele, na pasta atual. Sua vantagem é a rapidez, pois não precisamos escolher o nome do arquivo compactado e a pasta onde ele será criado. Na **figura 12**, temos o arquivo original e o compactado gerado usando essa opção.

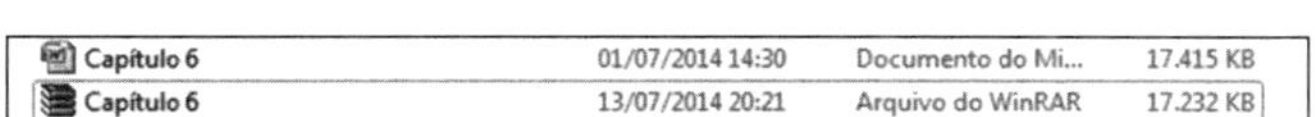

***Figura 12* – Arquivos original e compactado**

Porém, se quisermos dar outro nome ou selecionar a pasta de destino, escolhemos a opção Adicionar para o Arquivo. Ao fazer isso, a janela Nome e Parâmetros do Arquivo será aberta (**figura 13**). Nela podemos configurar diversas opções de compressão, além de digitar um nome para o arquivo e escolher uma pasta onde ele será criado. São várias opções de ajuste, mas vamos destacar somente três. Primeiramente o método de compressão.

O WinRAR possui seis métodos: Armazenar, Mais Rápido, Rápido, Normal, Bom e Ótimo. Na realidade, são somente cinco métodos de compressão, pois o método Armazenar serve para gerar um arquivo que é uma coleção de vários outros, visando facilitar o armazenamento, mas sem executar nenhum método de compactação. Quanto à eficiência na compactação dos dados, o menos eficiente é o método Mais Rápido e o mais eficiente é o Ótimo.

Outro ajuste que podemos fazer é no formato do arquivo de compressão. Por padrão, o formato é o RAR, contudo podemos escolher o RAR5 e o ZIP. O RAR5 é uma evolução do RAR com recursos de compactação mais eficientes e com um dicionário de redundância com tamanho máximo de 32 MB, enquanto o formato RAR pode chegar a somente 4 MB. Como já vimos, quanto maior a capacidade de catalogar redundâncias, maior será a taxa de compressão. Usamos o formato ZIP quando queremos gerar um arquivo de compressão compatível com o programa WinZip.

E, por último, podemos criar uma senha para que nossos arquivos compactados só possam ser descompactados por quem conhecê-la.

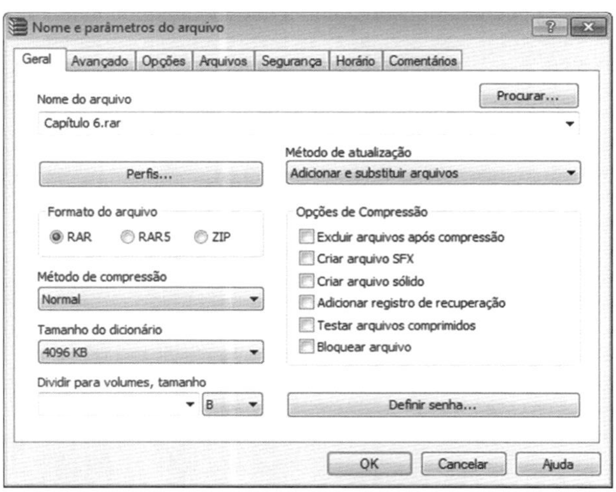

Figura 13 – **Janela Nome e Parâmetros do Arquivo**

PROGRAMAS ANTIVÍRUS

Os programas denominados vírus de computador são softwares desenvolvidos de forma maliciosa e clandestina para promover perda de dados, lentidão geral da máquina, comprometimento de informações pessoais sigilosas, entre outras ações de vandalismo digital.

Alguns deles excluem arquivos, causando transtornos e prejuízos, principalmente quando não temos cópias de segurança. Outros executam instruções que exigem quase todo o poder de processamento do computador, tornando-o extremamente lento. E existem também os que buscam senhas, dados bancários e de cartões de crédito para, com isso, efetuar transações financeiras e comerciais em nosso nome.

O software que vamos estudar atua para prevenir, detectar e remover esse tipo de programa nocivo ao trabalho com computadores. O chamado antivírus faz varreduras nos dispositivos de armazenamento e verifica ações potencialmente perigosas executadas pelos usuários. Atualmente ele é um programa de instalação obrigatória nos computadores, em virtude da imensa quantidade de ameaças existentes.

Existem diversos programas de antivírus desenvolvidos por vários fabricantes. Entre os mais usados, destacamos AVG, Avast e Avira. Os três têm versões gratuitas para computadores pessoais, mas oferecem versões pagas para uso corporativo ou para quem quer ter mais recursos de proteção.

Para mostrar como usar um antivírus, escolhemos o Avira. Sua versão gratuita pode ser obtida no site http://www.avira.com/pt-br/avira-free-antivirus.

Depois de instalado o programa, são criados ícones de acesso a ele na barra de tarefas, na área de trabalho e no menu Iniciar (**figura 14**).

Ao clicarmos no ícone Avira Control Center, é aberta a janela do centro de controle e configuração do antivírus (**figura 15**).

Figura 14 – **Ícones do Avira**

Ao clicar em Iniciar Atualização, começamos o processo se estivermos conectados à internet.

Já o botão de comando Atualize Agora é usado para atualização do programa antivírus. Devemos acioná-lo quando uma nova versão do programa é lançada. Para isso, é preciso estar conectado à internet.

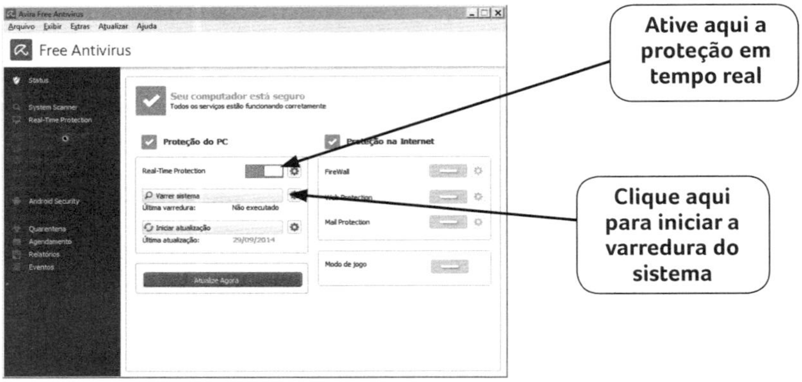

Figura 15 **– Centro de controle do Avira**

A partir dessa janela, podemos ativar a proteção em tempo real do computador, fazer varredura do sistema ou iniciar uma atualização. Quando ativamos a proteção em tempo real, o Avira passa a monitorar os processos do sistema operacional, identificando quando um vírus tenta comprometer seu computador. Na varredura, é feita uma leitura da memória principal e dos dispositivos de armazenamento em busca de códigos de vírus. Já na atualização, novas definições de vírus são baixadas, de forma que o programa possa detectá-las em futuros monitoramentos e varreduras.

Ao iniciar uma varredura, clicamos em Varrer Sistema. Após isso, o Avira começa o processo e exibe uma janela de acompanhamento (**figura 16**). Nela podemos visualizar o status do processo de verificação de arquivos, bem como a quantidade dos que estão comprometidos com vírus.

Finalizada a varredura, é exibida uma janela com o resumo do que foi detectado, removido, reparado etc. (**figura 17**).

***Figura 16* – Janela de acompanhamento da varredura**

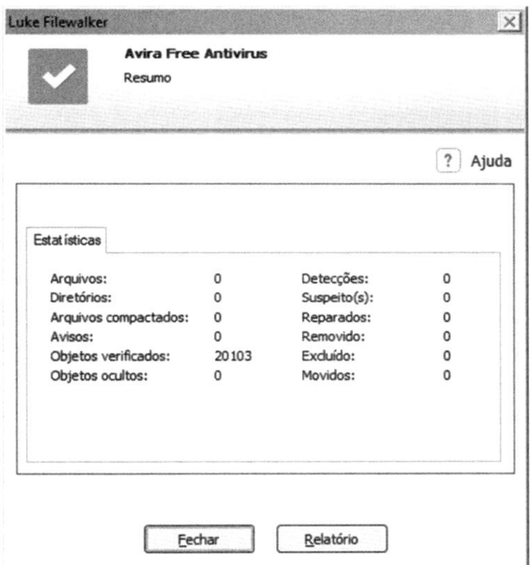

***Figura 17* – Janela Resumo**

Outra função importante nos programas antivírus é a atualização do seu banco de dados de definições de vírus e ameaças ao computador. No Avira, esse processo acontece automaticamente se estivermos conectados à internet, mas podemos forçar que ele aconteça a qualquer momento.

LIMPEZA DAS PARTES EXTERNAS DO COMPUTADOR

No uso cotidiano dos equipamentos de informática, é normal o aparecimento de manchas e o acúmulo de resíduos e poeira. Quanto mais o equipamento estiver exposto, em ambiente sujeito a umidade e ventos, maiores serão as preocupações com a sua limpeza. Veremos nesta seção como atuar para limpar a tela de monitores de LCD e LED, teclados e a superfície de gabinetes.

Telas de LCD e LED costumam ficar manchadas e empoeiradas, principalmente as de computadores portáteis, como notebooks e netbooks. Para limpeza dessas superfícies, podemos usar kits de limpeza vendidos em lojas de suprimentos de informática. Antes de qualquer procedimento de limpeza, é recomendável desligar o monitor.

Há kits compostos de lenços umedecidos em solução de limpeza e lenços secos. A aplicação é bem simples. Primeiramente usamos um lenço umedecido para limpar toda a superfície da tela e depois um lenço seco para enxugá-la.

Em outro tipo de kit, a solução limpadora vem num frasco com spray, acompanhada de um lenço. Nesse caso, podemos borrifar a solução sobre o lenço e depois usá-lo para limpar a tela. Também existem kits nos quais a solução é borrifada diretamente sobre a tela e depois usamos o lenço para limpá-la e enxugá-la.

O teclado é outro periférico que acumula muita poeira e outros resíduos. Para limpá-lo, usamos um soprador/aspirador de pó e um pincel. Existem modelos específicos para esse tipo de limpeza, com bicos apropriados às frestas entre as teclas. Eles podem ser encontrados em lojas de suprimentos para informática. Basicamente usamos a função de soprar e, juntamente com o pincel, varremos a poeira e resíduos para fora do teclado.

INSTALAÇÃO OU SUBSTITUIÇÃO DE EQUIPAMENTO EXTERNO

Outro procedimento comum em um ambiente de escritório é a substituição de equipamentos externos (teclado, mouse, monitor e impressora) por um dispositivo mais eficiente ou devido a algum defeito ou troca. O primeiro passo é identificarmos a interface de conexão do equipamento ao computador.

Atualmente temos dois modelos de mouse e teclado, de acordo com o tipo de conector usado. Eles podem se conectar usando a porta mini din de 6 pinos (**foto 1**), popularmente chamada de PS-2, ou usando a USB (Universal Serial Bus) (**foto 2**). Por isso, temos que verificar qual conexão era anteriormente adotada, para adquirirmos um equipamento com a mesma configuração.

Foto 1 **– Conectores PS-2**

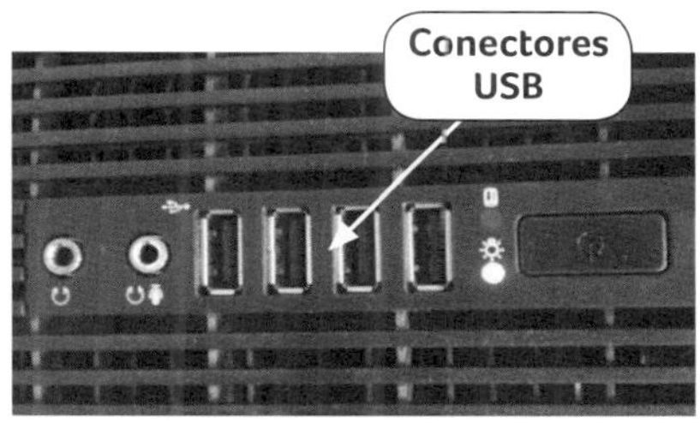

Foto 2 **– Conectores USB**

A substituição é bem simples. Retiramos o teclado ou mouse antigo e conectamos o novo. No caso de a conexão ser PS-2, devemos observar a cor do conector. O lilás é o conector para teclado e o verde é o do mouse. Esse tipo de conector está em desuso e praticamente só encontramos nas lojas especializadas os modelos de mouse e teclado com conector USB.

Entre outras vantagens, equipamentos com conexão USB podem ser conectados e desconectados com o computador ligado. Esse processo é chamado de troca quente (hot swap). Ao ser conectado, o novo dispositivo é reconhecido automaticamente pelo Windows, sem necessidade de outros procedimentos, e podemos começar a usá-lo de imediato.

Na instalação ou substituição de monitores de vídeo, também temos duas opções de conexão. Muitos monitores ainda utilizam o conector VGA (Video Graphics Array) HD-15 de 15 pinos (**foto 3**). Porém, a maioria já possui conexão do tipo HDMI (High-Definition Multimedia Interface), mostrada na **foto 4**.

Foto 3 – **Conector VGA**

Foto 4 – **Conector HDMI**

Alguns modelos de monitores possuem as duas opções de conexão. Para facilitar nossa escolha, listamos no **quadro 2** um comparativo entre as duas tecnologias.

VGA HD 15	HDMI
O sinal de vídeo é transmitido pelo cabo em formato analógico	O sinal de vídeo é transmitido pelo cabo em formato digital, logo apresenta maior qualidade.
Não transmite sinal de áudio	Transmite sinal de áudio também em formato digital
Conector não é hot swap/hot plugged, ou seja, não é recomendável conectá-lo ou desconectá-lo com o monitor ligado	Conexão é hot plugged

Quadro 2 – **Comparativo entre conectores VGA e HDMI**

Pelo **quadro 2**, percebemos que, se tivermos como escolher, a melhor opção é a conexão HDMI. Na **foto 5**, vemos um cabo HDMI que conectará o computador ao monitor.

Foto 5 – **Cabo HDMI**

Já quando nos referimos às impressoras, sejam multifuncionais ou não, a conexão largamente usada é a USB. Porém, não basta a conectarmos ao computador e ligarmos na energia para começarmos a usá-la. As impressoras exigem que instalemos o driver específico delas para termos acesso a todos os seus recursos. Um driver é um programa que faz a comunicação entre o sistema operacional, no nosso caso o Windows, e o equipamento periférico.

APÊNDICE — TECLAS DE ATALHO

As operações e comandos que aprendemos a executar no decorrer deste livro têm em comum a utilização de um dispositivo apontador – o mouse ou o seu correspondente touchpad. No entanto, elas também podem ser realizadas usando-se o teclado do computador em combinações entre teclas de controle – Ctrl, Shift e Alt – e outras.

Assim criamos atalhos que aumentam a produtividade em tarefas mais extensas, como a digitação de grandes textos ou planilhas. Nesses casos, não precisaríamos tirar uma das mãos do teclado para acionar um comando ou operação. Saber usar as teclas de atalho também pode ser útil quando o dispositivo apontador para de funcionar por algum defeito. Enquanto ele não é substituído, usamos as teclas.

Listamos as teclas de atalho mais usadas. Contudo, existem outras combinações disponíveis. De modo geral, temos duas formas de consultar essas opções. Nos programas do Office, se parar o ponteiro sobre um comando, será exibida uma caixa de contexto que informa a tecla de atalho associada. A outra maneira é consultar o próprio menu de Comandos.

Área de Transferência		
Copiar	Copia o conteúdo selecionado para a Área de Transferência	CTRL + C
Recortar	Recorta o conteúdo selecionado para a Área de Transferência	CTRL + X
Colar	Cola o conteúdo presente na Área de Transferência na posição indicada	CTRL + V
Desfazer, repetir, refazer ações		
Desfazer	Desfaz as ações executadas em ordem, a partir da última executada	CTRL + Z
Repetir ou Refazer	Repete ou refaz a última operação feita ou desfeita	CTRL + Y
Teclas de função		
Abrir a ajuda	Abre a ajuda do programa atual ou do recurso que esteja em primeiro plano no Windows	F1
Atualizar conteúdo	Atualiza o conteúdo exibido pela janela ativa	F5
Tecla do logotipo do Windows (ou Winkey)		
Abrir o menu Iniciar	Abre o menu Iniciar e no Windows 8 exibe ou oculta a tela inicial	⊞
Exibir a área de trabalho	Exibe a área de trabalho independentemente de quantas janelas estejam abertas sobre ela	⊞ + D
Minimizar as janelas	Minimiza todas as janelas abertas	⊞ + M

Quadro 1 **– Teclas de atalho de uso geral**

Formatação de fonte		
Negritar texto	Torna negrito o texto selecionado	CTRL + N
Aplicar itálico	Aplica o estilo itálico ao texto selecionado	CTRL + I
Sublinhar	Sublinha o texto selecionado	CTRL + S
Formatar fonte	Abre a janela de formatação de fonte	CTRL + SHIFT + F
Arquivos		
Salvar arquivo	Salva o arquivo corrente	CTRL + B
Abrir arquivo	Abre a janela Abrir arquivo	CTRL + A
Novo arquivo	Inicia novo arquivo em branco	CTRL + O
Imprimir arquivo	Imprime o arquivo corrente	CTRL + P

***Quadro 2* – Teclas de atalho do pacote Microsoft Office**

REFERÊNCIAS

BRASIL. Lei n. 9.609, de 19 de fevereiro de 1998. **Diário Oficial da União**, Brasília, DF, 20 fev. 1998a. Retificado em 25 fev. 1998. Disponível em: <http://www.planalto.gov.br/ccivil_03/leis/l9609.htm>. Acesso em: 12 jul. 2019.

BRASIL. Lei n. 9.610, de 19 de fevereiro de 1998. **Diário Oficial da União**, Brasília, DF, 20 fev. 1998b. Disponível em: <http://www.planalto.gov.br/ccivil_03/leis/l9610.htm>. Acesso em: 12 jul. 2019.

BRASIL. Lei n. 11.788, de 25 de setembro de 2008. **Diário Oficial da União**, Brasília, DF, 26 set. 2008. Disponível em: <http://www.planalto.gov.br/ccivil_03/_ato2007-2010/2008/lei/l11788.htm>. Acesso em: 12 jul. 2019.

BRASIL. Lei n. 12.305, de 2 de agosto de 2010. **Diário Oficial da União**, Brasília, DF, 3 ago. 2010. Disponível em: <http://www.planalto.gov.br/ccivil_03/_ato2007-2010/2010/lei/l12305.htm>. Acesso em: 12 jul. 2019.

ESCOLA DE ADMINISTRAÇÃO DE EMPRESAS DE SÃO PAULO. Resultados da 25ª pesquisa anual da FGV-EAESP-CIA, 2014: mercado brasileiro de TI e uso nas empresas. **Resumo de Notícias**, São Paulo, 24 abr. 2014. Disponível em: <http://eaesp.fgvsp.br/sites/eaesp.fgvsp.br/files/pesqti-gvcia2014noticias.pdf>. Acesso em: 10 nov. 2014.

NETMARKETSHARE. **Desktop browser market share**. Jun. 2019. Disponível em: <http://www.netmarketshare.com/browser-market-share.aspx?qprid=0&qpcustomd=0>. Acesso em: 29 jun. 2019.

MICROSOFT. **Conheça o Excel 2010**: crie sua primeira planilha. Disponível em: <http://office.microsoft.com/pt-br/support/redir/RZ101773335.aspx?queryid=d3366f85%2D1e66%2D4090%2D9618%2Dfe25a5b28e1f&respos=4&CTT=1>. Acesso em: 1 jun. 2014.

MICROSOFT. **Crie sua primeira apresentação no Power Point**. Disponível em: <http://office.microsoft.com/pt-br/support/redir/RZ101848193.aspx?queryid=796c9368%2D3127%2D4479%2D9bef%2D55db180115b1&respos=0&CTT=1>. Acesso em: 1 jul. 2014.

MICROSOFT. **Treinamento do Microsoft® Excel® 2010**: conheça o Excel 2010: criar fórmulas. Disponível em: http://office.microsoft.com/pt-br/support/redir/XT102044397.aspx?CTT=5&origin=HA101901726. Acesso em: 1 jun. 2014.

MICROSOFT. **Word 2010**: crie seu primeiro documento. Disponível em: <http://office.microsoft.com/pt-br/support/redir/RZ101790574.aspx?queryid=6ea6ecd6%2Dc6b3%2D4fef%2D94a2%2D9219a53071fb&respos=4&CTT=1>. Acesso em: 1 jun. 2014.

MICROSOFT. **Word 2013**: crie seu primeiro documento. Disponível em: <http://office.microsoft.com/pt-br/training/redir/RZ102925121.aspx?CTT=5&origin=HA104096598>. Acesso em: 1 jun. 2014.

MISTO
Papel produzido a partir de fontes responsáveis
FSC® C122682

Este livro foi composto com as famílias tipográficas Foco light e Whitney.
Impresso em papel offset 90 g/m²
no miolo e em cartão supremo 250 g/m² na capa.